走進乾坤的門戶

【作者簡介】

曾仕強教授

英國萊斯特大學管理哲學博士，人類自救協會理事長，新人類文明文教基金會董事長，台灣交通大學教授，國立台灣師範大學教授，台灣興國管理學院首任校長。

著有《中國管理哲學》、《中國式管理》、《總裁魅力學》、《大易管理》、《胡雪巖的經營管理》、《透視靈魂看人生》、《剖析三國演義的道理》等數十種。

劉君政教授

美國杜魯門州立大學教育行政碩士，台灣師範大學教育學士。

歷任台灣師範大學、彰化師範大學、高雄師範大學教授，胡雪巖教育基金會理事。

前言——代序

生物性的致病因素，包括各種病原微生物及遺傳關係。依據最新的統計，只佔人類生病的三分之一。而非生物性的因素，包括自然生態、社會環境、生活方式、醫療保健、文化觀念，已經成為人類健康的主要威脅。

現代人的生活，既忙碌又緊張。自己覺得壓力愈來愈大，卻又無法加以排解。明知憂慮傷害身心，又常常懷疑自己得了憂鬱症。現代文明產生很多令人擔心的後遺症。依據我們的觀察和分析，大部分來自不明易理的緣故。

不明易理的人，最顯著的特色，便是「是非分明」，堅持在「對」與「錯」之間做出明確的選擇。同時認為「既然知道是對的，就必須堅持，否則便是濫好人」。這種經常「二選一」的結果，逐漸成為缺乏彈性的「半腦人」。我們生來就有左腦和右腦，前者掌管語言、計算和理論，後者著重空間、形狀和音樂等認識功能。「半腦人」特別注重左腦，強調理性，卻在二十世紀成為社會的精英。自視很高，也掌握了很大的權力，卻不知不覺，將社會弄得混亂不堪，問題層出不窮。依然振振有詞，把責任推給變化太快、大家缺乏共識、不能同心協力，堅持不肯認錯。

明白易理的人，知道自己的認知能力很有限，選擇能力很薄弱，而判斷能力也很缺乏。我們當然不應該是非不分，卻實在沒有能力保證「是非分明」。我們只能夠「慎斷是非」，提醒自己「是非難明」而不敢自以為是。易經的整體思維，使我們明白「牽一髮動全身」的道理，知道「競爭不一定是生存的唯一出路」，而「時過境遷，對的會變成錯的，錯的也可能變成對」。因此「不如留下一些情份和面子，以後好見面」。對於大多數事情，都能夠兼顧並重，設想得比較週到。大幅度減低後遺症，成為難得的「全腦人」。社會要正常，大家要安寧，只有寄望「全腦人」愈來愈多，促使「半腦人」早日覺悟，迷途知返，才有實現的可能。因此研習易經，不但雙腦並用，減輕壓力，對身體健康有助益。對社會人群，也會帶來很多好處。

要成為「全腦人」，最好明白易理。先打開「乾」、「坤」這一扇大門，能夠開闔自如。再進入易學的府第，好好觀察、思慮、領悟，應該是十分方便而有效的途徑。

站在宇宙的立場，乾坤代表天地。開天闢地之後，萬物才有生長的空間。站在家庭的立場，乾坤代表父母，男女結婚成為夫婦，如果沒有生男育女，就不夠資格為人父母。可見父母生育子女，是家庭生生不息的基本要素。

父母和夫婦經常是同一對人的不同角色扮演，也是很多人難以掌握的難題？什麼時候是父母，什麼時候又是夫婦，很多人根本弄不清楚，因此產生很多困惑，也製造很多問題，而令人不安。實際上很簡單：「只有在臥室裡面，門關起來以後，才是夫婦」。換句話說：「在臥室以外，不是子女的父母，便是父母的子女，不能夠以夫婦自居，弄得大家不知如何是好？」若是以此做為標準，恐怕現代人能夠通得過考驗的，為數不多。究竟應該如何？實在值得好好研究，以便走出一條康莊大道。

易經的觀念，宇宙是一個大家庭。乾坤兩卦象徵父母，震巽坎離艮兌代表三子三女。乾為純陽，坤為純陰。但是乾剛健而坤柔順，顯然男女有所不同。家庭中的基本成員是父母子女，實際上最重要的角色卻是夫婦。

中庸說：「君子之道，造端乎夫婦。」沒有夫婦，就不會有父子，不會有兄弟，也不會有君臣，當然也不會有朋友。君臣、父子、夫婦、兄弟、朋友五倫，夫婦最為重要。現代社會種種亂象，莫非出於夫婦這一倫的不正。只是大家心知肚明，卻不敢明說。就是因為不敢明說，才更顯得問題的嚴重性，不容忽視。

夫婦不能和睦，談不上一條心。教養出來的子女，身心不能健全。兄弟不和，影響到交友不慎。推而廣之，君臣、父子都出了問題。而根本因素，仍在於夫婦之道，已經年久失修。邪道盛行，中道似乎隱而不現。

只要三代不能同堂，小家庭就不得不婦唱夫隨，男卑女尊，才顯得平等相待，這種現象幾乎到處可見。而且大家噤若寒蟬，不敢吭聲，以免成為舊思想的代言人，被譏為不現代化或反現代化。我們現代由於種種原因，不可能再三代同堂，又夫唱婦隨，或者高唱女子無才便是德。唯一的補救之道，就是重視家庭教育，以正常的夫婦之道來啟發子女。並且加強學校教育，從小認清男女平權，卻不同性質的道理。教科書和課程大部分相同，也應該有不一樣的內容。

夫婦之道的良好基礎，在愛情專一。易經分上經、下經兩部分，上經由乾坤開始，終於坎離。下經則由咸恆開始，而終於既濟、未濟。可見上經著重天道自然，下經則直接反應在人事上面。婚前的咸，必須無心之感，純真堅厚，以互相感動。婚後的恆，更是愛情永固，愈久愈堅。相對於乾坤的交感，實在有異曲同工之妙。要不然，為什麼我們常說「天造地設」、「天長地久」呢？

現代教育，把原本很靈光、有靈氣、十分靈活，而又具有靈力的全腦人，透過制度化的運作、不合適的教材、形式化的考試，教導成半腦人。將「退步」看成「進步」，認「不可能」為「可能」、以「不負責任」為「負責」。屢次教育改革，方向根本有欠正確，徒有熱心卻無成效。更是推波助瀾，使正常的夫婦之道，愈來愈不正常。非從端正觀念著手，加以根本改善不可。

乾的四德，大家都很明白：元、亨、利、貞。再看咸卦的卦辭：利貞，取女吉。兩卦都有「貞」的字樣，只是大家解釋來，解釋去，怎麼說都可以，就是不敢提起「貞操」兩個字，是什麼道理？取女的意思，便是男人把女人娶回來。吉表示得的樣子，有吉祥的形象。到底是不是真的？要看男女雙方，是不是貞操堅定？

中華民族自古重視貞操，為其他民族所不及。成為幸福婚姻的最有力支柱，家庭和樂的最堅強保障。只要不曲解為「女性重貞操，男性不必」，恢復易理平等對待的精神：「男女雙方，各守貞操」，有什麼不好？現代社會將「退步」看成「進步」，這就是明顯的證據。貞操才是雙方負責任的態度，現代人却盲目相信「我愛你」的空口說白話。這種不可能令人相信的話，現代則成為可能的騙局。半腦人在公開場合，採取近乎瘋狂的方式，大喊「嫁給我吧」！居然贏得深深的感動，熱淚盈眶。男人的表態，不過是向社會大眾說他是一個不要臉的人。各種媒體，竟然爭相報導，傳為美談。演藝界女星大腹便便，尚未成婚，還要透過鏡頭，穿著露肚裝。教師難為，實在莫此為甚！

易經的道理沒有錯，可惜我們長久以來，由於種種有意或無心的錯誤解釋，才弄得引起很多爭論。天尊地卑，明明是位置的高低，一定要加上貴賤的評價。地如果是賤的，地價為什麼愈漲愈貴？天若是貴的，我們為什麼常怪

「老天沒眼」？即使（現在有很多人在電視媒體上，公開而大聲地說成即便就是一種錯誤的示範）有一些人，硬要把它加以曲解，我們也應該正本清源，恢復真正的用意！就算實在弄得不明白，採用現代化觀點，給予合理的解說，也未嘗不是良策。

我們探討「易經真的很容易」之後，就要正式「走進乾坤的門戶」，先在門外望一望，看清楚它長成什麼樣子，再走進去，才不虛此行。還請各界先進朋友，惠加指教，至為感幸。

曾仕強
劉君政 謹識於台灣師範大學

目錄

第一章　乾坤為什麼是易的門戶？

乾坤是不是易學的門戶？
最好的答案應該是「很難講」。
有人懷疑，也有人贊成。
都是「半腦人」的「一分為二」。
姑且把乾坤當做易學的門戶，
便是「全腦人」「二合為一」的修養。
人有眼睛，抬頭看見天，低頭看見地。
沒有天地，哪裡有人類存在的空間？
為了不忘根本，誠心謝天謝地。
把乾坤當做出入的門戶，有何不妥？

一、瞭解宇宙必須以簡馭繁

我們只要睜開眼睛，就會看見一些東西。耳朵裡經常聽到一些聲音，而腦海裡也不斷出現一些思緒。可見宇宙不是空無，我們自己也不是空無。總有一些實實在在的事物，不容許我們否認，也無法完全逃避。

剛開始的時候，我們看得不多，以為世界上只是有限的一些東西。後來發現愈來愈多，好像多到看不完。於是我們想起一個問題：這些林林總總的東西，從那裡來？是同一個來源？還是各有不同？要解決這種問題，最好的辦法，便是以簡馭繁。從我們的實際經驗當中，選取一種熟悉的事物，做為了解整個宇宙的鑰匙。

伏羲氏畫八卦，便是以大家最為熟悉的「家庭」，拿來當作揭開宇宙奧祕的那一把鑰匙。子女的誕生，是家庭中的大事。由夫婦交感而生育，產生「孳生」和「繁衍」的現象，傳宗接代而生生不已。先天八卦，用來表示家庭成員，那就是父（☰）、母（☷）、長子（☳）、次子（☵）、少子（☶）、長女（☴）、次女（☲）、少女（☱）。家長就是父母，各有不同的任務，各自扮演不一樣的角色，善盡各自的責任。家人和諧，才能「家和萬事興」。依此推及宇宙，乾（☰）、坤（☷）是天地的象徵，由於陰陽交感而生萬物，艮（☶）為山、兌（☱）為澤、震（☳）為雷、巽（☴）為風、坎（☵）為水，而離（☲）為火。也是宇宙家庭的主要成員，相互交感。兩兩相重而成六十四卦，表示宇宙萬物的生生不息，道理完全相同。

人類善於運用觀察法，
從實際經驗當中，
選取一種熟悉的事物，
做為了解整個宇宙的鑰匙。

→ **家庭**

- 父（☰）
- 母（☷）
- 長子（☳）
- 次子（☵）
- 少子（☶）
- 長女（☴）
- 次女（☲）
- 少女（☱）

擴大為宇宙家庭

- 乾（☰）為天
- 坤（☷）為地
- 震（☳）為雷
- 坎（☵）為水
- 艮（☶）為山
- 巽（☴）為風
- 離（☲）為火
- 兌（☱）為澤

→ 都是陰陽交感的成果

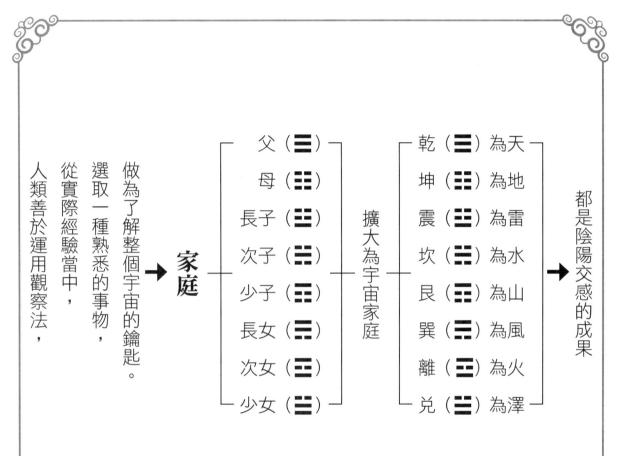

二、宇宙的形成由於大爆炸

中華民族是全世界家庭觀念最為濃厚的族群，由家庭推及世界，應該是順理成章的事情。我們相信伏羲、文王、孔子都是集大成的代表人物。很多概念和事實的陳述，都是經過不斷嘗試，考驗和修正，先初步定下來。再經過長時間的印證，去蕪存菁，才流傳迄今。個人的創作，風險性實在很高。集合大家的智慧，應該更為可靠。

現代科學家，提出一種巨爆說（Big Bang Theory）。由比利時天文物理學家萊麥特（Abbé Georges Édouard Lemaitre）的說明，可以知道我們這個廣大的宇宙，原來聚集在一處，是一種原始物質的超原子，溫度極高，很可能達到攝氏一百億度。後來，這個龐大的超原子爆炸了，物質裂開，四散飛奔，產生各種化學分子、星球和銀河系，成為現在我們所看到的宇宙。距離大爆炸，已經七十億年了。

我們虛擬一下：伏羲氏當年，知道宇宙產生之前，所有原子壓縮在一起，擠成漿狀。不是以原子狀態存在，而是分裂成中子和電子，混雜在一起。那時候並沒有物質，只是一大團能量，把它稱為「太極」。由於擠壓力量很大，溫度上升，於是發生巨大的爆炸，形成我們所說的宇宙。當時沒有文字，更沒有科學名稱。所以他「一畫開天」，用「⚊」這個符號來表示其中一股能量，後來又以「⚋」的符號來代表另一股能量。太極是未爆以前的狀態，而兩儀、四象、八卦乃至以後造成的六十四卦，都在表示巨爆之後，出現萬事萬物的情況，看起來也相當符合現代科學的解說。

宇宙的生成來自大爆炸

爆炸前	爆炸後
廣大的宇宙聚集在一處，合而不分。 形成一種原始物質的超原子，相當於「無極」。 溫度極高，達到攝氏一百億度。內部正、反壓力逐漸形成，有如「太極」。	一陣轟然，同時異地一起發生。 大爆炸使物質裂開，產生的星塵，飛奔散落，造成宇宙萬物。 有如兩儀、四象、八卦、六十四卦，同時產生。

三、創造和演化同時在進行

希伯來人在「舊約」創世紀中，指出天地萬物是神造的。第一天造光明，第二天造空氣，第三天造陸地，第四天造日月星辰，第五天造生物，第六天造男造女，並且賜予食物，令其能夠生育後代。中國古代，也有盤古開天闢地的傳說，認為盤古是天地萬物的始祖。這種創造論，是科學未發展之前，相當流行的一種宇宙人類起源的說法。

達爾文的進化論，指出宇宙人類並不是神造的。萬物的變化，是前進的、發展的，具有推陳出新的作用，不限於循環往復。事物最初是凝聚的，後來逐漸演化，由簡而繁，由粗而精，變得很有秩序，而且一次比一次進步。

這兩種論說，爭論不休。有人堅信創造論，有人則堅持進化論。其實都是「半腦人」的思維，才引起的紛爭。

易學認為：天地萬物是「道」創造出來的。「乾」是陽性物的象徵，「坤」為陰性物的象徵。陰陽互相交合，便可以生成萬物。天（乾）地（坤）是易學的門戶，被「道」創造出來之後，萬物便逐漸演化出來。「全腦人」知道創造和演化是並存的，必須兼顧並重，才能涵蓋。

我們把七十億年前的巨大爆炸，稱為大霹靂。那一剎那所造成的星塵，全都是能量，轉化成為萬物，屬於創造的時刻。萬物被創造出來之後，持續不斷地演化。既有漸變，也可能產生突變。這樣，和易學的主張一樣，既創造又演化，就用不著爭辯了。合大於分，避免「二選一」的「全腦人」，比較容易發揮整體思維，具有兼顧的能力。

既創造也演化

創造論

神創造萬物
第一天造光明，
第二天造空氣，
第三天造陸地，
第四天造日月星辰，
第五天造生物，
第六天造男造女。

道生一，
一生二，
二生三，
三生萬物。
先創造，
後演化，
兼顧並重。

演化論

事物最初是凝聚的，
後來逐漸演化，
由簡而繁，
由粗而精，
變得很有秩序，
一次比一次進步。
並不是神創造的。

四、用撲克牌理論解說易理

我們依據易理，提出一種「撲克牌理論」。

世界上既然有陰就有陽，有宇宙便有反宇宙，有物質也就有反物質。大霹靂之前，宇宙呈現反宇宙狀態，絕對光明，絕對平衡，絕對融合，相當於「無極」（沒有極大和極小的分別）。這種絕對狀態，由於內部陰陽兩種屬性不同的能量，彼此擠壓，產生極高的溫度，呈現「太極」（有極大和極小的能量在互相擠壓）的狀態。於是一陣轟然，大霹靂產生了。創造萬物，有如兩儀、四象、八卦、十六卦、三十二卦、六十四卦同時產生。接下來各有不同的解說，表示進入演化時期。把易理說明得多采多姿，顯得美不勝收。科學愈進步，愈證明易理的可貴。只是到現在為止，科學尚不足以完全闡明易理，我們仍須努力。

「無極」有如一付完整的撲克牌，由於完全對稱而平衡，反而喪失動態的作用。潛在的那一股波動起伏的能量，恰似一位勇猛有力的人，將撲克牌向高空用力擲出，造成大霹靂。爆炸開來的破碎星塵，好像那些散落開來的撲克牌。持續地隨風飄落，代表被創造出來的萬物，各自不斷地演化。很久很久之後，有一位有心人，耐心地彎下腰來，細心地把散落的撲克牌，用心地分門別類，按照次序各歸其位。把整付撲克牌再度裝入紙盒裡，安放在桌上。很可能又來了一位勇猛有力的人，再一次把撲克牌用力向高空拋出去，又造成另一次的大霹靂。如此循環往復，卻每一次都不一樣。這就是易理對於宇宙人生，所持的觀點。

易理的「撲克牌理論」

一付完整的撲克牌	經過猛漢用力擲出	撲克牌散落開來四散飄落
完全對稱而平衡，反而喪失動態的作用。相當於「無極」的狀態，也是大霹靂之前，原始物質的超原子，混沌未開的樣子。	出現一位勇猛有力的人，將撲克牌向高空用力擲出。恰似宇宙未爆前的高温，兩種能量互相擠壓。呈現「太極」狀態，忽然發生大霹靂。	散落開來的撲克牌，有如爆炸所生成的星塵，持續飄落各方，恰似創造出萬事萬物。各自不同地演化，直到有心人士再次收拾成套。

週而復始，循環往復，卻每次都不一樣。

五、眾人皆知天地的重要性

許多民族對於宇宙如何產生？都有相當近似的說法。大多認為天地原先是不分的，四面漆黑。天地所生的兒子，覺得非常不方便。於是開天闢地，使天地分開，光明出現，萬物才得以繁殖。和盤古開天闢地的傳說，相去不遠。

我們開車的時候，若是遇到天氣惡劣，霧濃得伸手不見五指，是不是有如身處混沌狀態？分不出天地，不敢胡亂駕駛，以免發生禍害呢？這時候我們最期待的，應該是能見度提高，使我們知道道路在哪裡？以便安全地駕駛。

當我們稍微看得出路在那裡時，請問我們是先看到地，還是先看到天？當然，我們不必也不會懷疑，天一定在我們的頭上。所以我們發現，我們是先看到地，才知道天就在相反的一方。雖然說天地同樣重要，但是此時此刻，地上的道路，顯然比天上的雲霧、雨水來得要緊。人有主見、偏見、和成見，原本是無可奈何的侷限性，只要承認就好。不必狂妄自大，堅持自己的客觀和公正。

天地的存在和對人類的重要性，不但不證自明，而且眾人皆知。我們現在所住的地球，不過是太陽系中的一個小單位。而太陽系包括九大行星在內，又只是銀河系中的一小部份。二十世紀以後，我們才發現龐大無比的銀河，也不過是宇宙無數星系中的一個。但是，我們居住在地球上，生活最需要的，畢竟還是這一片小小的天地。對我們來說，先把這一片小天地弄清楚，知道它的特性，尋找出合理因應的方式，以求安身立命，總歸是當務之急。

天地的重要性

太空中的銀河集團，
達數十億顆之多。
每一個銀河系統，
又有好多行星，
我們所居住的地球，
不過是太陽系中的一個小單位。
然而，
我們對於這一小片天地，
仍然認為是生活中，
最為重要的因素。

眾人皆知的事實

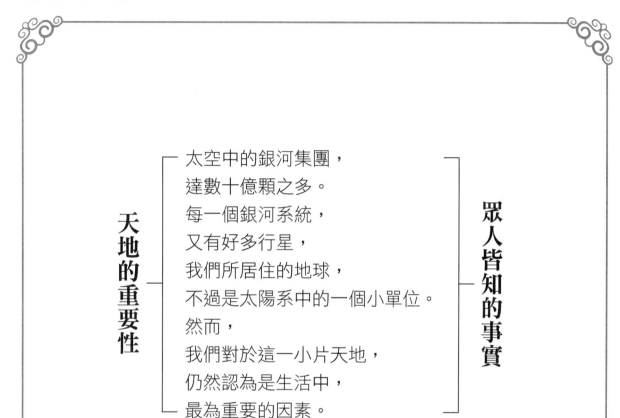

六、當做易學門戶用心探窺

繫辭下傳記載：孔子說：「乾」、「坤」兩卦，大概是「易」的門戶吧！他既不肯定，也不否定，只是興起一種感慨。因為見仁見智，可以互相包容，以免引起不必要的爭議。孔子當然是高明的「全腦人」，深明「無可無不可」的大道理。幾千年下來，歷經危難，都巍然屹立。

「乾」（☰）是純陽，三爻皆陽。「坤」（☷）是純陰，三爻皆陰。八卦中的其餘六卦，實際上都是乾坤兩卦的爻，互相交易所產生的結果。我們說乾坤是父母，其餘六卦都是子女，並不過分。把乾坤當做門戶，打開來一看，裡面的六卦，都看得很清楚，不也是一樣的道理！

重卦之後「乾」（䷀）和「坤」（䷁）交易的機率更大，產生更多的變化，算一算，竟然高達六十二種。

䷀的上爻跑到䷁的上位，成為大家聽起來就覺得恐怖的「剝」（䷖）卦。看看除了覆蓋的部分，碩果僅存之外，其餘部分，通通被掏空的淒涼情況，不害怕才怪。䷁的上爻跑到䷀的上位，情況就不一樣了。變成「眾多君子除惡務盡，一定要去除小人的「夬」（䷪）卦。

乾卦的初、二、三爻取代坤卦下卦的位置，成為皆大歡喜、為民造福、三羊開泰的「泰」（䷊）卦。而坤卦的下卦取代乾卦的初、二、三爻，變成閉塞隔絕、時運不通，必須力爭上游的「否」（䷋）卦，凡此種種，都不外乎乾坤兩卦陰陽交感的變化。看來乾坤大門，值得大家一起來進入，一窺究竟，並且深一層探討其中的奧妙。

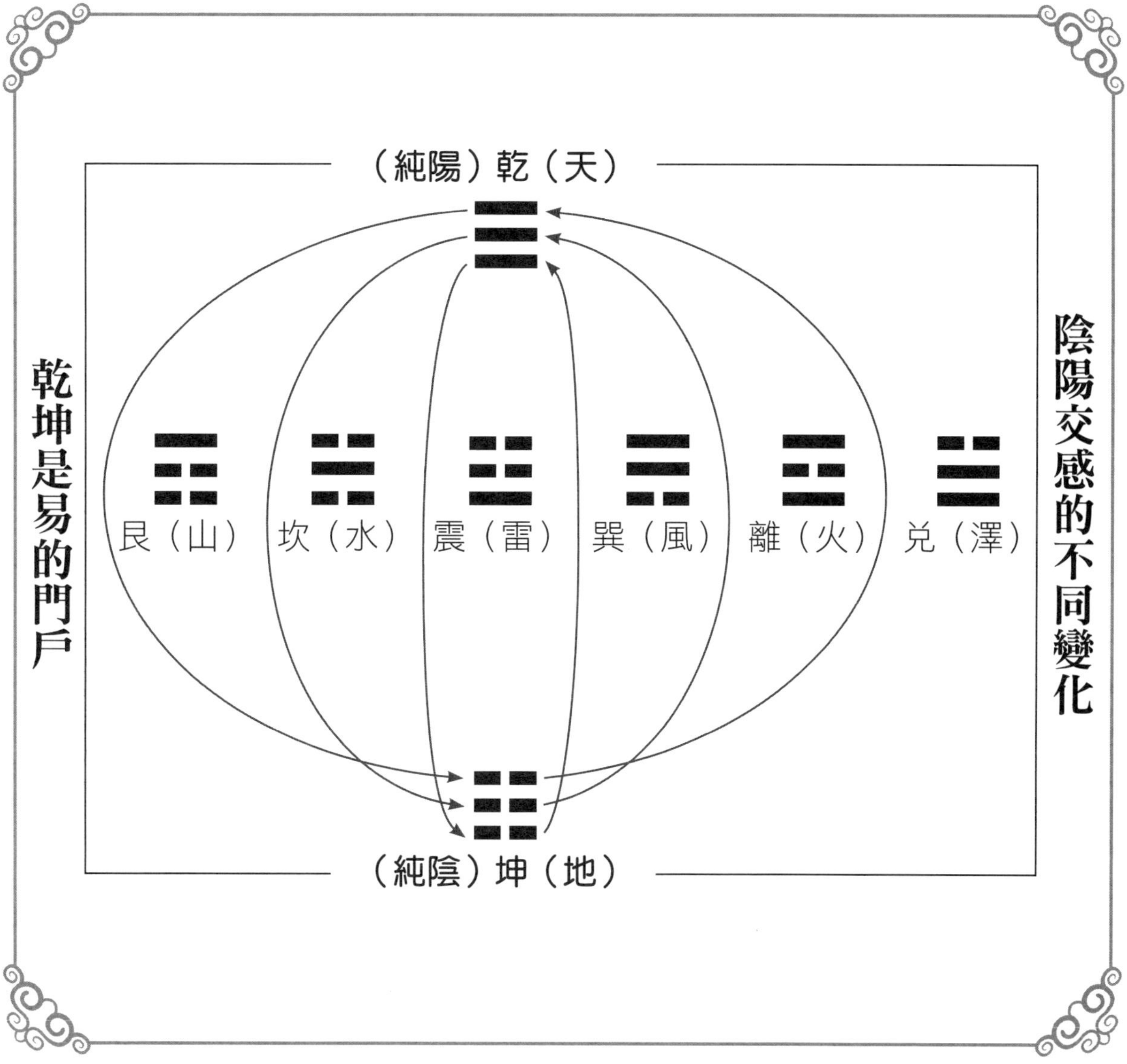
（純陽）乾（天）
乾坤是易的門戶
艮（山）
坎（水）
震（雷）
巽（風）
離（火）
兌（澤）
陰陽交感的不同變化
（純陰）坤（地）

我們的建議

1 研究易理的第一個好處，便是養成「簡單的事物，必須複雜化，以免『陰溝裡翻船』，造成『大意失荊州』的遺憾。複雜的事物，應該簡單化，免得一頭鑽進去，愈理愈亂，根本找不到頭緒」的良好習慣，以資適時因應。

2 我們把伏羲氏所畫的八個單卦，稱為先天八卦，也就是天（乾）、地（坤）、水（坎）、火（離）、雷（震）、風（巽）、山（艮）、澤（兌），分布在天地之間的不同方位。

3 至於文王重卦成為六十四卦，我們稱之為後天八卦。意思是在原有的先天八卦之下，兩兩重疊，再各自加上一個單卦。這樣一來，變化就大了。不完全是自然現象，還要加上後天的人事關係，十分複雜，也非常有趣。

4 先天八卦或後天八卦，都以天（乾）地（坤）為門戶，通過純陽卦和純陰卦的卦爻交易，構成八卦或六十四卦，非常值得我們一窺究竟，以便進一步明白易理。

5 乾（䷀）坤（䷁）六爻全部易位，不過是坤變乾、乾變坤，還是兩個純卦，並沒有多大意義。倒是局部的交易，變化多端而且意義深遠。可見重新洗牌不如局部調整，非不得已時，不要亂掀桌子。

6 乾坤是不是易的門戶，其實並不重要？要緊的是，乾坤各有哪些特性？值得我們注意及學習？我們不必為了「是」或「不是」枉費心力，趕快想一想乾坤的特性為要。

第二章　乾有那六大特性？

乾卦六爻都是陽性，純粹不雜。
代表萬物始生的元氣，至大至剛。
萬物生命，都稱為生機。
來自乾陽的的靈光，而運行不息。
天空不空，因為到處都是能量。
由於虛無藏靈，所以無為而治。
天是萬有的根本，也是萬物的根源。
除坤卦之外，其餘各卦都有陽爻的作用。
乾具備元亨利貞四德，
配合人的仁禮義智四種德行。
宇宙間充滿看不見的能量波，
所以用龍來象徵波的運轉自如。

一、乾為至大至剛純粹不雜

六十四卦，各有一個卦名。既容易辨識，又促使我們從「正名」中尋求名實相符的內涵。六十四卦的第一卦，名為「乾」，接著出現四個字：「元、亨、利、貞。」稱為彖辭，用來整體論斷「乾」的卦德。孔子著彖傳，解釋「乾」的含義，並且把元亨利貞當做四種德行來說明。

他以「大哉乾元！萬物資始，乃統天。」來解釋「元」。乾元是我們常說的先天之氣，堅不可破，久不能滅。萬物都取用於它的功能，才得以創始。統率以天為形象的的大自然，其實就是乾的先天之氣，至大至剛。

一切生物，都需要空氣。無論從那一個角度來看，「氣」都十分重要。有氣才有質，有質才有形。易學講氣，卦氣自下生，所以爻位的次序，是由下向上的「逆數」。陽氣向上，陰氣向下，是自然的氣性。萬事萬物的形成，可以說是陰氣和陽氣互動變化的結果。我們只說「陰陽」不說「陽陰」，便是看重兩氣交易的變化，往來升降。

易經六十四卦，除「乾」「坤」兩卦之外，其餘六十二卦，都是有陰有陽，交互演變。我們從陰陽的氣動，可以想像出這一卦的運行狀態，看出生機、危機和轉機。

乾卦「文言」說：「大哉乾乎！剛健中正，純粹精也。」純就是不雜的意思，「乾」的元氣，具有純粹而不雜的德性。顯得剛健而持中守正，六爻都是陽氣，實在是擺脫了形質的糾纏，在精神上獲得至大至剛的昇華。陽剛之氣，無所不包，無所不容，無所不在，更是無所不能。

乾

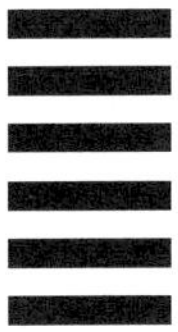

乾上
乾下

乾元象徵先天之氣：
堅不可破，
久不能滅，
至大至剛。

六爻都是陽氣：
純粹不雜，
持中守正，
龍行天下。

表現精神的提升：
擺脫物質的糾纏，
獲得至大至剛的昇華。

掌握生機、危機和轉機的變化。
統率以天為形象的大自然，

二、乾是生機充實運行不息

繫辭下傳說：伏羲氏「仰則觀象於天，俯則觀法於地，觀鳥獸之文，與地之宜，近取諸身，遠取諸物，於是始作八卦」。觀察日月星辰等天象，以及高下升降的地形，飛禽走獸身上的紋理，山川水土的地利。然後從自己身上，以及各種事物，抽離出兩個最為基本的符號（⚊和⚋）。並且直接指出「乾，陽物也；坤，陰物也」。從某一種角度來說，乾代表陽（雄、男、顯）性，而坤代表陰（雌、女、隱）性。由男女交合看出乾陽（⚊）入於坤陰（⚋），所產生的生命，體會出生機充實的意義。生機表示萬物的生命，藉由陰陽交配而獲得充實。所以說：「天地絪蘊，萬物化醇；男女構精，萬物化生。」天地陰陽二氣，透過交感融合，使萬物得到良好的化育。男女兩性交合，使後代得以有形有體地生息無窮。

孔子在繫辭上傳特別提到「易有太極」，代表陰陽二氣的矛盾統一體。後人畫太極圖，實在畫不出來，不得已畫出陰陽兩儀圖。其中不用直線對半分，而用弧線表示二氣的矛盾、交互和動態。更畫出陽中有陰，陰中有陽，顯現陽極成陰、陰極成陽的運行不息。在宇宙氣、形、質、能未分，一片混沌之中，已經蘊含著生機充實，運行不息的元氣。元有始的意思，萬物都有元有始，所以都是太極。

繫辭傳有時說「天地定位」，有時說「天地設位」。便是告訴我們，變易時設位，而不易時定位。變動時大家忙著搶位子，一旦定下來，只好謹守本份，各自安居定位了。

男女交合的象

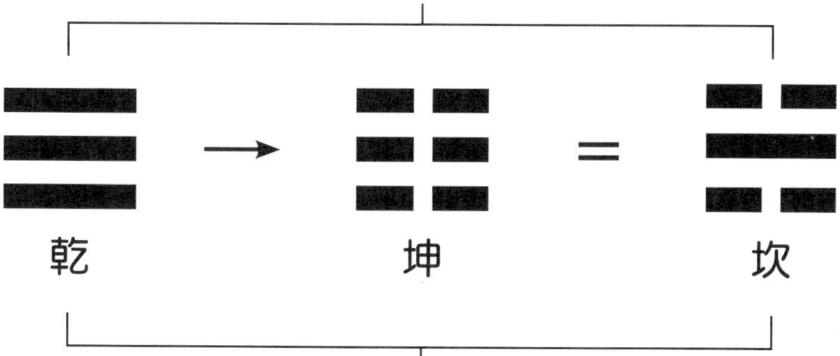

乾陽（⚊）入於坤陰（⚋）
成為坎（☵）水，有了生機。
水有液態、氣態、固態的變化，
運行不息造成循環往復。

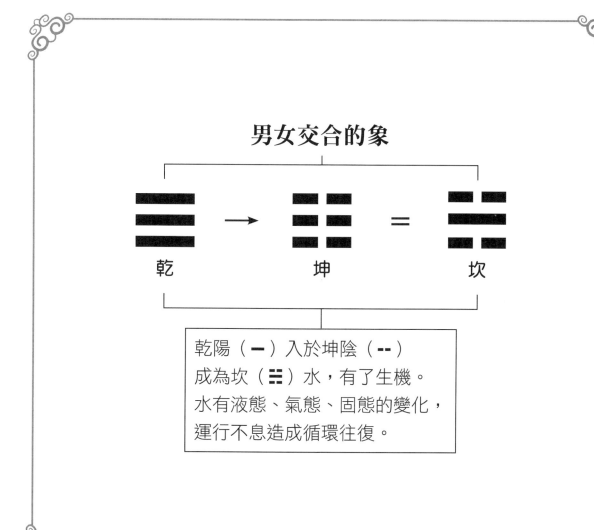

三、乾能虛無藏靈無為而治

天空、天空，表示天是空的。飛機是從地面上飛上去的，不是天空中原來就有的東西。「乾」代表「能」，有「性」卻無「形」。看起來虛無，卻藏有靈氣，十分靈光，也很靈活。萬物尚未成形之前，就具有這一點先天之氣，是大家所熟悉的事實。所以乾卦象辭說：「雲行雨施，品物流行」。說明雲氣流行，雨水充沛。充滿造化的生機，產生各種有形的物質。我們剛剛說乾陽生機充實，現在又說它虛無，因為虛無才方便充實。我們從乾卦六爻皆陽的卦象來看，每一爻都剛健充實。然而從乾卦的性能來看，却是萬物的根源，還沒有實在的形體，顯得很虛無。

伏羲氏畫八卦，由於當時還沒有文字，所以只有象而沒有文。文王時已經有了文字，可以解說卦象，因此有象有文，稱為易經。孔子一方面做易傳以闡釋易經的道理，一方面也建立儒家的思想系統。從文王所描述的「乾道變化」，提出「各正性命」的主張。由天的無言，體會出「無為」的治道。天不言語，提供人人各自言語的機會。天無作為，提供人人都能夠有所作為的舞台。同理，居上位的人無為，居下位的人才能充分有為。居上位的人講求有為，居下位的人，有為的機會被剝奪掉，只好無所為了。

無為卻能夠激發大有為的效果，主要在於虛無中藏有豐厚的靈氣、靈性和靈力。天不能規範或改變我們的軀體，卻能夠提高我們的精神。居上位的人，不必管居下位者的身體，卻可以激發大家的潛能，那就是各正性命的表現。

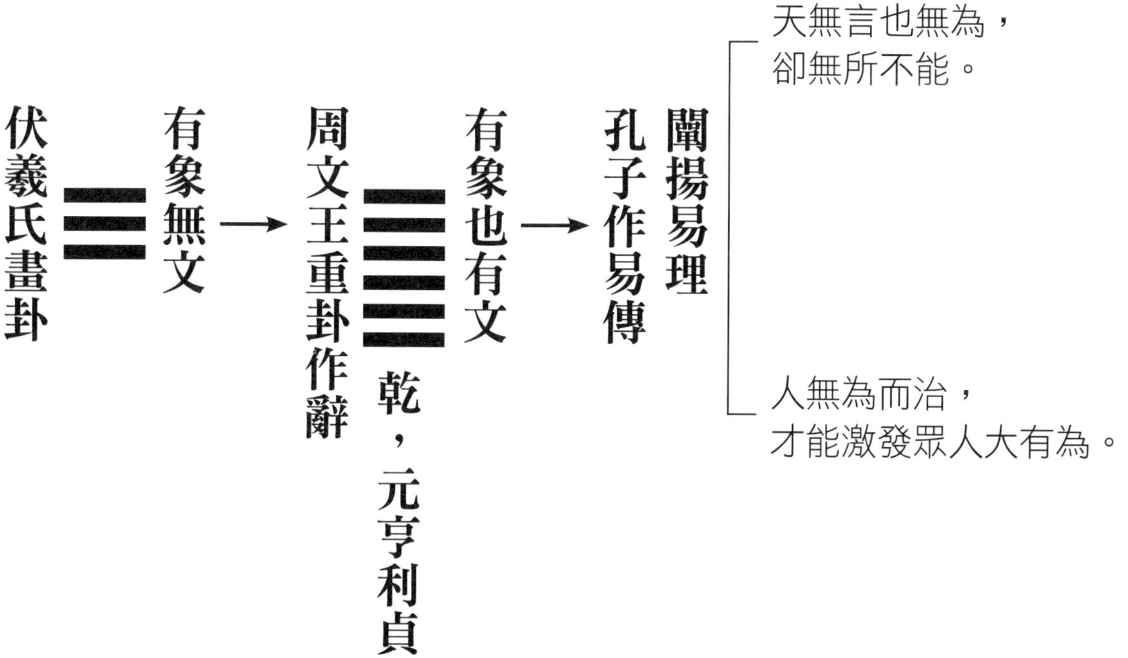
伏羲氏畫卦
有象無文
周文王重卦作辭
乾，元亨利貞
有象也有文
孔子作易傳
闡揚易理
天無言也無為，
卻無所不能。
人無為而治，
才能激發眾人大有為。

四、乾是萬有根本萬物之源

「⚊」這個符號，可以看做「陽」，或者稱為「太極」。由於「孤陽不生，孤陰不長」，天和地是離不開的。我們買一塊土地的時候，連帶著把這一塊土地的空中使用權也大部分購買下來。不允許在我們所有權的土地上空，又蓋起更高位置的建築物，或者剝奪了我們的制空權，甚或犧牲了我們的日曬權。我們清明掃墓的時候，看見地面上立有「后土」的字樣，最好抬頭望一望「皇天」。因為沒有皇天，哪來后土？有地才有天，有天才有地。天地互相對待，並非完全對立。彼此相輔相成，才有大成就。

朱子當年說得好：「天地初開，只是陰陽之氣。這一個氣運行，磨來磨去，磨得急了，便拶（排擠）去許多渣滓，裡面無處去，便結成個地在中央。氣之清者便為天、為日月、為星辰，只在外常周環運轉，地便在中央不動，不是在下。」天地雖然區別，卻不能絕對分離。

除了坤卦之外，六十三卦都有陽爻。除了乾卦之外，其餘各卦也都有陰爻。可見陰和陽對萬事萬物，都十分重要。然而，我們知道陽爻進入陰爻，也就是陰陽的交配，成為一切生物的生機。乾是萬有的根本，萬物的起源，應該是到處可見的事實。生男育女，由父母共同完成。但是生出來的，是男還是女？科學已經證明，仍然由父親的染色體來決定。往昔錯把生不出男兒的責任，推給母親，實在是冤枉。在懷孕之初，如果沒有自強不息的精子，恐怕很難成孕。卵子要成為受精卵，畢竟也只能待機而動。

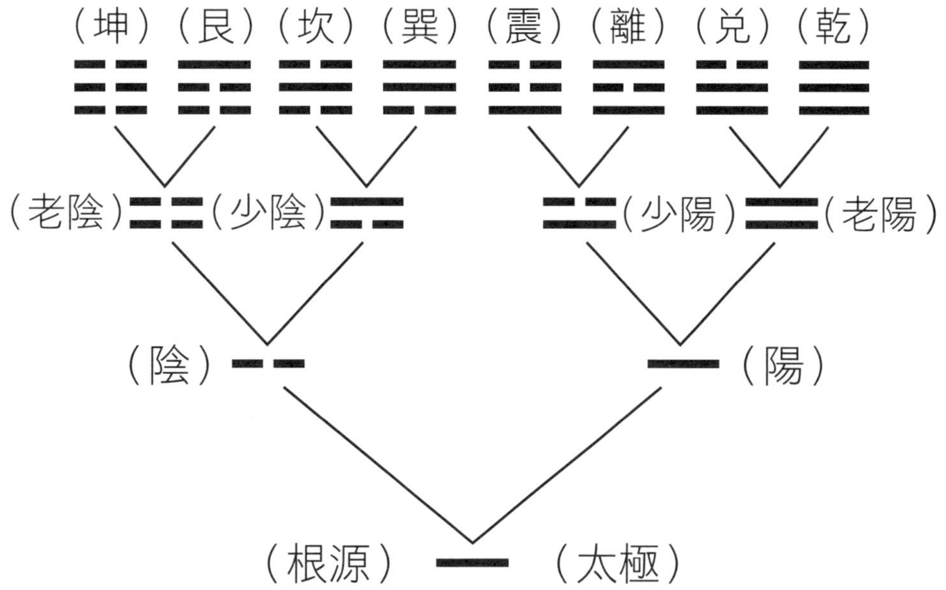

八卦的樹狀發展

五、乾具備了元亨利貞四德

孔子在「一陰一陽之謂道」的後面，加上一句「繼之者善也」。表示繼承和發展這個道的，便是人類社會和善的風範。緊接著又說「成之者性也」，告訴我們人性和物性的形成，與易經的「天地設位」、「陰陽之道」的作用，具有十分密切的關係。因此又繼續說：「夫易，聖人所以崇德而廣業也。知崇禮卑，崇效天，卑法地。天地設位，而易行乎其中矣。成性存存，道義之門。」崇德是增進道德，廣業即開展事業。崇德是人性的表現，廣業涉及物性。知是智慧，以崇高為貴，所以要仿效天。禮即禮節，以謙下為宜，最好取法於地。天地的相對位置，是不同的設定。但一旦定下來，陰陽二氣不斷互相作用，發生變化。易經的道理，就運行於天地之中。人們理解易理而成就廣大的善性。積累再積累，便能進入道義的門徑。

乾卦的卦辭，只有「元亨利貞」四個字。孔子則以「仁、禮、義、智」來呼應，把天道和人性，緊密地連結在一起。元表示生物之始，於時為春，於空為東，於人為仁，於物為木。亨表示生物之通，於時為夏，於空為南，於人為禮，於物為火。利表示生物之和，於時為秋，於空為西，於人為義，於物為金。貞表示生物之成，於時為冬，於空為北，於人為智，於物為水。開始之後，要有無相通，然後大家都獲得利益。這時候最容易引起爭奪和訴訟，所以公正無私，善用智慧來化解問題，至關重要。乾道具備元亨利貞四德，我們為人處事，也應該秉持仁禮義智。

乾有四德

- **元**——指元始，可以始生萬物。萬物必須交感互動，才會產生作用。
  ↓
- **亨**——指有無相通，使萬物互動，產生作用。有了作用，最好彼此都有利益。
  ↓
- **利**——指利益，很容易引起爭奪和訴訟。平息紛爭的最好辦法，便是公正無私。
  ↓
- **貞**——指公正，堅守正確的原則。以免利令智昏，造成惡果。

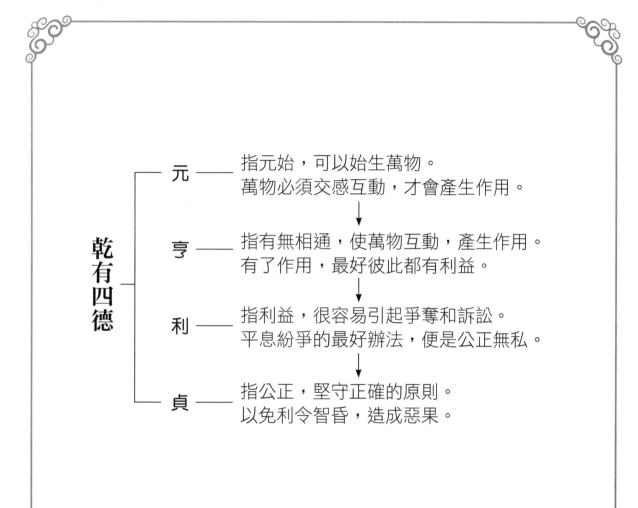

六、以龍象徵看不見的能量

先天乾（☰）象徵宇宙空間，充滿電磁波，也就是肉眼看不見的能量，所以乾卦以龍來說明。提醒我們，六爻的變化，都屬於看不見的能量波動，必須用心體會。

三畫陽爻，象徵上下、左右、前後三個方向的波動狀態，三度空間（長、寬、高度）都應該兼顧並重。六畫乾卦表示兩組三畫陽爻重疊，陽氣純真剛健，充滿宇宙，而且源源不斷。六爻各自佔有一個位置，代表三度空間的六個層面。陽爻由下卦初位，逐漸分階段上升，經歷二、三、四、五，以至於上位。循環不絕，運轉自如。

十二生肖鼠、牛、虎、兔、龍、蛇、馬、羊、猴、雞、狗、豬當中，只有龍從來沒有人真正看過。用來象徵看不見的能量，電磁波、輻射線，實在十分高明。

龍在中華兒女的心目當中，是神物，能潛伏地中，飛升上天，和我們常說的「大丈夫能屈能伸」，同樣變化莫測。龍的傳人，表示我們是人，但要向龍學習。把乾卦的精神，充分展現出來。即使成不了聖人賢士，至少也可以成為君子，對得起自己、家人、以及社會人群了。

西方人害怕龍，視為邪惡的象徵。主要原因，在於因應的策略，逆而不順。害怕龍，不喜歡接觸，採取對立、抗爭的方式，永遠沒完沒了。我們順著龍性、採取順勢、共生、互動的方式，抱著龍，一起悠遊世界各地。上天下地，都暢行無阻。龍行天下，實在是炎黃子孫，神氣自若卻絕非驕傲自大的主要條件，值得自豪，並自得其樂。

龍是能量的象徵

- 宇宙空間，充滿電磁波，看不見也摸不著。
  用龍來象徵，能屈能伸，見首不見尾，十分高明。
- 西方人要控制龍，
  由於控制不住，視為邪惡的代表。
- 中華兒女熟悉龍性，順性趨勢，
  乾脆自稱龍的傳人，自勉也自豪。

我們的建議

1 地球是圓的，各地方的天地，位置不一定完全相同。「天地設位」是原則，表示天地的位置，是可以改變的。但是天地的相對關係，則是不變的。一旦設置完妥，便成為「天地定位」，我們就應該接受這樣的事實。

2 天地是自然的景象，只要抬起頭來，便能看見天。低下頭，地就在我們腳下。天地同樣重要，並沒有尊卑、貴賤、好壞、善惡的區別。我們只能說「天地平權不同性」；天地平等，彼此的性質卻不相同，才符合實情。

3 陽性主動，必須剛健有力。陰性大多採取被動，柔順較能配合。幾萬個精子，只能有一個獲得和卵子結合成受精卵。可以想見陽的元亨利貞，要經歷多少艱難！

4 我們常說「良好的開始是成功的一半」，因為仔細規劃，小心踏出第一步，大多會帶來亨通和利益。問題是利益一出現，很多人就利令智昏，造成失敗的惡果。

5 利字當頭，大多數人都會昏頭昏腦，亂了步伐，也忘掉應該有的立場。這時候「貞」的心態，就成為關鍵。貞代表公正無私，我們把天老爺稱為天公，用意即在於此。

6 宇宙充滿了能量，陽氣十足。但是所處的位置不同，也應該有合理的表現。我們明白了陽氣的特性之後，最好配合爻位的變動，好好研究乾卦六爻的爻辭，以資妥善運用。

第三章　乾卦六爻有什麼變化？

乾卦六爻皆陽，初九當位。
潛龍勿用，提醒大家務必「慎始」。
九二以陽爻居陽位，見龍在田。
雖然與九五不相應，卻也應該有所表現。
表現得好招嫉，表現得不好，受侮。
九三受到各種壓力，必須高度警惕。
人生的命運，決定在重要的跨躍。
能上天即飛黃騰達，否則墜落深淵。
九三凶，九四懼，九五最好利見大人。
上台容易下台難，實在是最大的考驗。
上九有高亢的傾向，是人性的特點。
自我克服，上下同心比較容易避免有悔。

一、潛龍處下位暫時不表現

六十四卦的每一卦，都有六爻，表示不同的時、位和性質。由下而上，代表一個階段接著另一個階段，不斷地產生變化。乾卦六爻，從最下面的第一爻，分別為初九、九二、九三、九四、九五和上九。

每個卦中，初、三、五爻是奇數，稱為陽位。二、四、上爻是偶數，因此稱為陰位。陽爻居陽位，如乾卦的初九、九三、九五，都當位，也就是得位。陽爻居陰位，如乾卦的九二、九四和上九，全都失位，也就是不當位。

初、二爻為地位，三、四爻為人位，五、上爻為天位。初、二、三爻為下卦，或內卦。四、五、上爻為上卦，或外卦。乾卦上乾下乾，內外都是乾，稱為純陽卦。

初九爻是乾卦的第一爻，當位。是六十四卦三百八十四爻中的第一卦第一爻，堪稱天下第一爻，值得重視。

初九爻辭：潛龍勿用。潛在地下的龍，對地面上的環境，並不熟悉。雖然很善於變化，當位。為了安全起見，最好暫時保持勿用的狀態。譬如初出茅廬的社會新鮮人，儘管學業有成，修養也很好。仍然需要了解社會環境，畢竟和學校不相同。先瞭解，後適應，然後才提出改善的意見，表現自己的才能，應該更加安全。否則一表現就承受重大的打擊，就算怨天尤人，又有什麼用？

勿用，有能力有什麼用？這種「半腦人」的反應，我們不要理會。勿用不是不用，而是謹慎小心，站在不用、不用的立場來用，以免亂用。初九爻辭，重點在於慎始。

乾 ䷀

初九，潛龍勿用。

初、二為地位。初為地下，二為地上。
潛龍處於下位，為了避免受到傷害，
在尚未熟悉地上環境之前，
最好大智若愚，深自藏匿。
一方面培養實力，一方面防患於未然。
不表現，暫時保持勿用狀態，以策安全。

慎始

二、九二見龍在田利見大人

乾卦九二爻辭：見龍在田，利見大人。見就是現，九二位居地道之上，地面上有田。表現出龍在田地上面的象，和初九的潛龍，時位都不相同。潛龍準備妥當，待機而動。九二以陽爻居陰位，雖然不當位。但是時機成熟，也非動不可。符合「當潛則潛，當現則現」的機動原則。

易經把人區分為大人、聖人、賢人、君子、民、小人。大人代表道德修養有大成就的人，實在是道德人格的最高典範。聖人特別凸顯其智慧，賢人和君子，都是有志於實踐易道的人。民指一般百姓，小人是缺乏君子抱負，不免日趨下流的人。彼此的劃分標準，並不十分嚴格。

這裡所說的大人，是指九五。因為二爻居下卦之中，五爻居上卦之中，都是三才之中的人位。陽大陰小，九五陽居人位，所以有權；而九二雖然也是陽居人位，卻並不當位（二爻原為陰位），應該表現得十分有為，以符合「大人」的象。利見大人，有兩方面的用意：一方面是晉見九五這位有權的大人，獲得賞識和支持，以便有所作為。一方面則是九二自己的所作所為，必須造福人民，有利於社會，表現出大人應有的氣勢。同時，九三陽居陽位，有君子的修養，能欣賞九二的作為。初九當位，又知道潛修學習，比較容易配合。在這種有利的環境中，九二不當位，而時機成熟。既然見龍在田，就必須好好有所作用。九二陽爻，原本和九五陽爻不相應，不容易獲九五的支持。由於初九和九三的當位，才造成九二利見大人（九五）的優勢。

乾

（大人）

九二，見龍在田，利見大人。

九二是地位的上爻，已出現在地面上。
潛伏期的修養功夫，相當可觀。
良機出現，就要及時表現。
一方面爭取九五的賞識和支持。
一方面自己也要表現出大人的模樣。
雖然初試身手，也要有不凡的表現。

展現

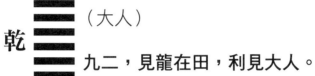

三、九三終日乾乾夕惕若厲

乾卦九三爻辭：君子終日乾乾，夕惕若厲，无咎。

九二、九五都稱為大人，表示才、德、位三者具備。君子重在道德修養，不一定在位或不在位。初九、九二居於地位，初九潛於地下，暫時勿用。不是不用，而是待時而用。九二出現在地面，已接近人位，所以最好利見大人，表現得受到大家歡迎。九三開始進入人位，居人位的下位，所以多凶。就算是修養良好的君子，又能利見大人。仍然招惹很多嫉妬、懷疑、抹黑、甚至於打擊，可以說明的、暗的都來，必須特別提高警覺，處處小心為是。

乾乾的意思，是上乾下乾重疊，就算走完下乾，還得繼續向上乾邁進。乾代表自強不息，現在來到下卦的上爻，不過是告一段落，不能夠認為已經走到乾下的頂端，便洋洋得意，而忘掉「行百里者半九十」的警語。何況九三、九四居於人位，人與人之間的種種問題，勢必產生很多困擾。夕惕表示連夜晚也應該警惕，不可大意。厲是危險的意思，警惕得好像已經遭遇到或者面臨危險的樣子，才能夠无咎。易經除了吉、凶、悔、吝之外，還提出无咎的概念。吉凶是失得的樣子，不必太在意。心中有悔，容易善補過而吉。只在口頭上掩飾、推卸責任、很容易凶。悔吝經常是小過失，卻招來吉凶不同的後果。咎原本是過失的意思，悔、吝、凶都是咎，只是程度不一樣。如果能夠善補過，便可以无咎。九三為什麼如此警惕？主要是九二時有為的表現，招人妬忌。可見招人妬忌，自己也必須承受後果。

乾 ䷀ 九三，君子終日乾乾，夕惕若厲，无咎。

君子是有志於實踐易道的人士。
不論在位或不在位，都應該自強不息。
乾下走完，還有乾上要走，所以終日乾乾。
厲是危險，即使夜晚也要警惕以防凶險。
由於九二表現得好，所以特別小心遭忌。
若是表現不好，也有被去掉遭冷落的危險。

警惕

四、九四或躍在淵亦能无咎

乾卦九四爻辭：或躍在淵、无咎。

九三如果不能終日乾乾，夕惕若厲，很可能到九三為止，便無法向乾上發展。九三的成績，可以說是小成。若是因此而得意忘形，便是小才不足以大用，不可能有大成就。九三謹慎小心，時時提高警覺。若是只為了保持小成，不敢對未來抱有更高的期望。那就是委屈求全，說得難聽一點，便是器小易盈。九三最好記住九二利見大人的景象，一方面要不辜負九五的提攜，一方面也應該對得起自己。所以夕惕若厲的用意，必須用來充實自己，提升自己，做好萬全的準備，一旦時機來臨，就要及時抓住，以期一躍而登上龍門，成為飛龍在天的大人。九四的爻辭，應該是或躍在淵，或飛上天。同樣準備好了，向上一躍，卻產生兩種截然不同的後果：一是果然準備好了，在空中飛翔。一是根本沒有準備好，不幸墜落深淵。既然有兩種可能，為什麼爻辭只說或躍在淵，卻不說或飛上天呢？這是「凡事先想輸再想贏」的生存之道。失敗都承受得了，成功當然欣喜萬分。換句話說，只許成功不許失敗，萬一敗了怎麼辦？難道要自殺？聖人作爻辭，思慮十分細密精緻。有很多人自以為準備好了，其實不然。有很多人根本才能不足，不宜跳躍。但是，只要明白自作自受的道理，也願意承擔所有的責任，就算一躍、再躍，仍不能成。甚至於不幸墜入深淵，也不怨天尤人。具有這樣的心態，當然无咎了。凡事把失敗的一面想清楚，心裡有準備就好了。

乾 ䷀ **九四，或躍在淵、无咎。**

九四是乾上的初爻，也是人位的上爻。
人生到了四十、五十，該是決定上下的時候。
準備妥當，一躍而上青天，即能飛龍在天。
若是一躍而墜入深淵，只要心甘情願，也能无咎。
非上不可，不上就要自殺，那就是輸不起。
不以勝敗論英雄，盡人事聽天命，豈不是更好！

跨躍

五、九五飛龍在天利見大人

乾卦九五爻辭：飛龍在天，利見大人。

九三、九四居人位，所以九三多凶，九四多懼。如今在萬全的準備下，一躍而飛上高位，有如飛龍在天。首先應該知道，人生最大的考驗，看起來已經順利通過。實際上對自己的考驗，才剛剛開始。多少人從這個高位栽下來，大嘆「上台容易下台難」。多少人在這個位置上留下臭名，令後人想起來就咒罵。多少人飛了以後才知道翅膀不夠硬，很快就飛不動了，領悟出「勃升勃落」的辛酸滋味。多少人根本下不了台，不是憂鬱以終，便是折磨至死。聖人作爻辭，不得不提醒我們：真的有這麼一天，飛龍在天。惟一的生路，即為利見大人，別無其他路途。

利見大人的意思，是自己表現得公正無私、造福人群社會，使人民深深蒙受利益，認為好人出頭，果然是了不起的大人。偏偏歷史上有一些居高位的人，剛好相反。成為邪惡的暴君，使人民覺得生逢亂世，命如風燈，隨時可被吹滅；命如蟻螻，絲毫沒有價值；而且命不由人，完全沒有辦法對應。九四只說或躍在淵，不提或飛上天，九五卻只提利見大人，不說禍害社會，令人民厭惡的事，是居於好不容易出現良好的領導，大家一定要滿懷光明的期望，給予積極的、正面的支持，使其利見大人的苦心。

對於九二，雖然不相應，也必須好好栽培，使其成為優秀的繼承者，將來經過嚴格的考驗，同樣可以一躍而飛龍在天。如此一代又一代，薪火相傳，才能生生不息。

乾 ䷀ **九五，飛龍在天，利見大人**

九五陽居陽位，一躍升空，已登天位。
必須以「上台容易下台難」自勉，
極力成為仁君，而不是留下千秋罵名的暴君。
使自己成為人民認為有利於天下的大人。
對於九二，雖然並不相應，也要用心栽培。
有良好的接班人，才會順利地生生不息。

飛騰

六、上九最好避免亢龍有悔

乾卦上九爻辭：亢龍有悔。

悔的意思是有了小過失，能夠真心悔過，並且及時善補過。上九是六爻的最高位置，經過嚴苛的磨鍊與挑戰，才能夠榮登這樣的高位，怎麼可能犯小過失呢？關鍵就在於「亢」。亢表示高傲，目中無人，看不起所有的人。一個人登上高位，眼睛難免往下看。看到的大多是他的看門狗，很容易不把人當做人看。聖人作爻辭，提醒居高位的人，看到看門狗，最好看看狗的眼睛，好像也是向下看。這樣才有「狗眼看人低」的罵名，因而自我警惕。千萬不要高亢，以免懊悔都來不及，那就慘了。

盛極而衰，好像把物向上拋，到達頂點，也就是拋物線的至高點，必然向下落。驕亢引來懊悔，也是勢所必然，理所當然。易經指出這種事物運動的基本變化規律，特別對上九爻提出警告：一旦高亢，悔吝必隨之而生。

人的自然狀態，是隨著不斷的上進，年歲也不斷增長。體力由盛而衰，是每一個人都不可避免的伴隨現象。人事的適時交替，應該是合乎自然的良好方式。我們常說「大位天定」，意思是小位由人自訂。而大位的機會太少，希望大家不必過分競爭，以免造成生靈塗炭的不幸浩劫。

同樣的道理，居大位的人，是仁君或暴君？自己固然要負最大的責任。然而影響的因素也很多，簡直不是那一個人所能夠單獨承擔的。上上下下，大家多盡一份心力，對上九的仁或暴，應該會產生一些影響，我們通稱為共業。

乾 ䷀ 上九，亢龍有悔

就算是乾卦，也有盛極而衰的可能。
一路陽剛到底，實在也十分危險。
完全沒有人敢勸諫，上九難免高傲，驕亢。
脫離群眾，失去民心，懊悔也來不及了。
提高警覺不驕不亢，自然持盈保泰。
上上下下，也要盡一點心力，畢竟這是共業。

戒亢

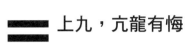

我們的建議

1 有些人連乾卦的初九爻，都很難通過。初入社會，不知天高地厚，便極力想要表現。結果不是被腰斬，成為烈士。便是怨天尤人，自覺生不逢時，而自暴自棄。

2 有些人對乾卦初九爻，有很深的領悟。卻不幸養成固守成規，能讓即讓，不求上進的心態，以致有機會也不敢表現。就算現龍在田，也引不起大人的注意，自己更缺乏大人的氣勢。便是不知道做好合理的階段性調整，通不過九二爻的考驗。縱然得到機會，也僅止於此，甚至於很快就被拉下來。

3 有些人登上九三的位置，便自以為了不起。不知道臨事而懼，以致明明可以克服的難關，也陰溝裡翻船。並不是才能不足，而是謹慎的小心修養，不及格。

4 有些人臨事而懼，卻不敢好謀而成。練就一身好功夫，只敢用來表演，不敢防身禦亂。一生從不冒險，恐怕只能小成。難有大成就，做一個無大志的人，也無妨。

5 好不容易在天時、地利、人和的配合中，登上高位。最好緊記在心，時時提醒自己，千萬不可驕亢。以免盛極而衰，而後悔莫及。不驕亢，又善補過，才能利見大人。

6 萬一把持不住，一味高亢，那就小過失累積成大過錯。大禍臨頭，誰也救不了。有些人到九五時，便適時引退，或者順利交棒，應該是良策。

第四章　乾上乾下有什麼關係？

乾卦乾上乾下，上下都是乾。

乾是健的諧音，意思是自強不息。

由上卦到下卦，分為六個階段，

下卦為小成，上卦才有可能大成。

群龍無首，表示不應該剛健到底，

有時候做出合理的調整，才能制宜。

元亨利貞是天的四德。

君子效法取用，以期天人合一。

可進則進，應退即退，堅守正道。

對人對事都應該堅守合理的「貞操」。

六爻之中，任何一爻變易，全卦皆變。

從中玩味變化的道理，必有良好心得。

一、初基穩固事業才能大成

乾卦六爻，就個人來說，應該是按部就班，循序上進。初九重「潛」，先做好準備，待機表現。九二重「現」，時機良好，必須一鳴驚人，表現大人的風範。九三重「惕」，由於表現得良好，難免遭受各種中傷、打擊，最好時時提高警覺。九四重「躍」，把握一生中最為關鍵的時刻，由下卦躍到上卦，成則飛龍在天，不成則安分守己，不怨天也不尤人。九五重「飛」，必須有大人的風範，為全民所利見。上九重「亢」，盡力避免高貴驕傲而後悔。

就事業的發展來看，乾的下卦是初基，上卦則是大成。初基若不穩固，到九三爻就趾高氣揚，得意忘形，勢必半途而廢，根本沒有上卦的機遇。如果初基穩固，奠定良好的基礎。再接再厲，才可能一躍而登乾上，大展鴻圖。

依時的觀念來看，上下卦各有三爻，分別代表「始、壯、究」三候。不同的時段，有不一樣的情況，稱為候。初九表示陽氣漸生，為始。由下而上，期數為「一」。九二表示陽氣壯盛，有少陽的氣勢，其數為「七」。九三表示陽氣終究成老陽，其數為「九」。始、壯、究完成下卦之後，若是時間許可，意志堅定，機遇來到，當然可以發展上卦的始、壯、究。乾上乾下完成，有時候還可以向上發展，不過那是少之又少的特例，所以易經發展到六爻，暫時告一段落，以免給人太大的壓力，得不償失。先把乾下的始、壯、究好好完成，奠定穩固的初基。然後不折不撓，不改初衷，繼續完成乾上的始、壯、究，以獲得大成。

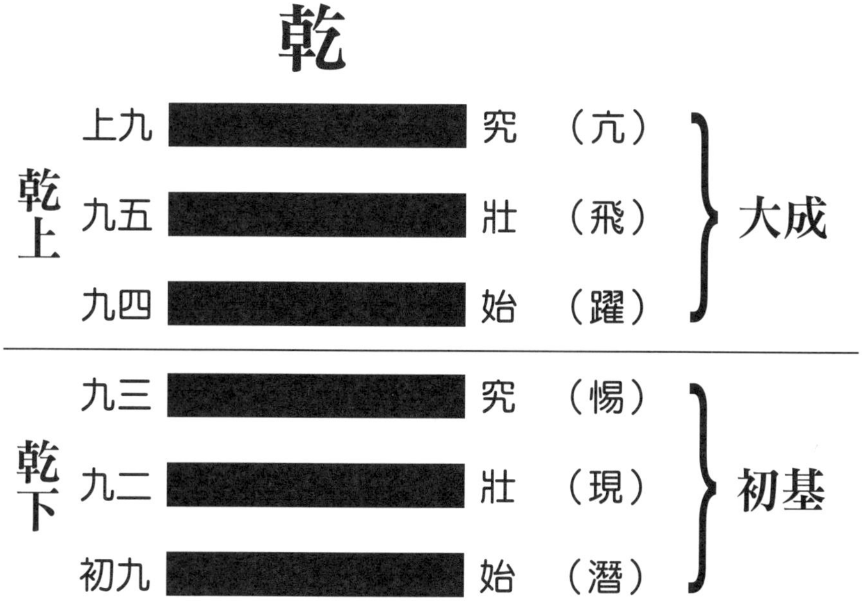
乾
乾上
上九 究 （亢）
九五 壯 （飛）
九四 始 （躍）
大成
乾下
九三 究 （惕）
九二 壯 （現）
初九 始 （潛）
初基

二、群龍無首才能合理因應

乾、坤兩卦比較特別，在各爻的爻辭之後，還有用九和用六兩個提示。乾卦用九：見群龍无首，吉。

「群龍無首」後來成為大家熟悉的成語，大多按照字面的解釋，說是群眾失去領導的人。口耳相傳，居然很少人對「這樣怎麼能吉」產生疑問，實在是難以相信。

群龍無首，說的是一種現象。我們從初九到上九，同樣都是龍，卻各有各的表現，並不相同。這種現象，叫做「群龍无首」。只有按照不同的爻位，扮演不一樣的角色，做出不相同的表現，以符合不同時位的要求，這樣才會有所得而吉。同樣的剛健，處在不同的環境，必須有不一樣的彈性運用。這種精神，稱為「持經達變」。經就是不易的剛健，變便是變易的合理應變。有原則地應變，而不是堅持到底，絲毫不能變通。這種「持經達權」的方式，成為中華文化十分重要的精神，也是圓通而不圓滑的主要分野。初九潛龍，必須等待時機，不宜盲動。九二時機開始有利，漸次增強陽剛，合理表現。九三發憤自強，卻必須謹慎小心。乾下三爻，屬於小成階段。實力不夠充足，經驗尚稱缺乏，所以不適合跳躍高飛。九四以後，逐漸進入大成階段，看準時機，大膽跳躍。九五飛龍在天，陽剛已達完美境界。上九應該自制，切忌一味亢進，以免盛極而衰。同樣是剛健陽剛，最好持經達變，以求制宜。

看起來好像群龍無首，實際上每一階段，都有為有守。在什麼階段，做什麼表現，稱為階段性的合理調整。

所以：吉。
持經（剛健）達變（進退合理），
表現的剛健都不一樣。
每一階段（爻位），

群龍無首

- 上九：不宜知進忘退。
- 九五：必對公眾有利。
- 九四：伺機大膽跳躍。
- 九三：時時警惕小心。
- 九二：有機會不放棄。
- 初九：不宜魯莽表現。

三、天行健君子以自強不息

乾卦的「象」，分為「大象」和「小象」。「大象」解釋整卦卦象的象徵意義，只有一則。「小象」分別解釋六爻的爻象，所以有六則。象是像的意思，像什麼？最好多加以想像。乾卦的大象：天行健，君子以自強不息。便是要我們想像一下，乾（☰）的形象，是不是如此？

君子是有志於實踐易道的人，「以」是效法，取用的意思。乾（☰）卦自初九到上九，一路陽剛到底，有天行健的象徵。君子既有志於實踐易道，看到乾的形象，必須效法天的行健，取用在自己身上，便應該自強不息。

易經中用「君子以」的，多達五十三卦。從乾卦開始，就應該養成效法、取用的良好習慣，以免流於空談。學習的目的，在於實踐。六十四卦都有實際的用途，稱為「卦用」。學以致用，最好從乾卦開始。看到天道運行剛健而永不停息，就要效法天道，培養自強不息的精神。

然後再看乾卦小象：從「潛龍勿用」而「見龍在田」到「終日乾乾」，都是健而又健的樣子。小有成就之後，再「或躍在淵」而「飛龍在天」，以至於「亢龍有悔」，終能大成。從下到上都是「九」，表示剛健的德，也就是天德，並沒有改變。然而初九和上九，九在後頭，而九二、九三、九四、九五卻九在前面，是什麼道理？因為剛開始出現和最後成為大眾注目的焦點，初重時，而上重位，不宜貿然逞強。其餘四爻，當然以剛健為主。初、上為了遷就實際環境，不得不稍做合理調整，才是合理因應。

在每一階段做出合理的表現。
必須保持自強不息的動力，
表示九的性質最重要，
九在二、三、四、五前面，

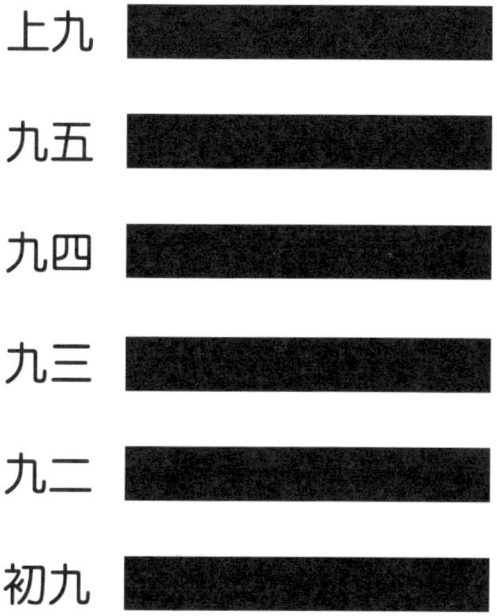

「位」最重要，性質不必充分顯示。
上在九前面，表示結束時，
「時」最重要，性質暫時不顯露。
初在九前面，表示開始時，

四、元亨利貞是君子的四德

六十四卦之中，乾坤兩卦特別重要。六十四卦都有卦辭，一般的說法，是周文王的傑作。孔子對乾坤兩卦的卦辭，特別加以解釋。因為是解釋文王所說的話，所以稱為「文言」。乾卦的文言，以乾為天而以元亨利貞為天的四德。孔子進一步以乾為君子，並且以元亨利貞做為君子的四德。這四德在君子心中，也在天道之中，所以君子實踐四德，可以天人合一，也就是天在君子心中的意思。

元亨利貞，表示貞是基礎。離開貞，元亨利都很不可靠。以貞為基礎，上層的元亨利才能確保安全有效。貞是「堅貞的操守」，簡稱為「貞操」。並不是女性要重視貞操，男性也應該同等重視。並不是對異性要講求貞操，對人對事都應該如此。不能因為一度被狹用了以後，便喪失原有的廣泛用途。也不能由於一度被誤用了，便從此不敢再提。貞操是做人做事的基礎，貞下起元，才能生生不息。元亨利貞四德，天有地有人也有，現代科學更證明：物也有。貞是正固的操守，萬事萬物，都以貞為基礎。利因正固而和，不致由於爭奪邪利、暴利、近利、小利而失和。能和的通暢，才是真正的亨通。從元始出發，就堅持正道，當然亨通。由乾下到乾上，從初九到上九，無不以「貞操」為主幹，視當時的內外環境，做出合理的調整，以求元亨利貞。君子以天道的元亨利貞，來培養自己的四德。從潛龍開始，便嚴守貞操。由小成而大成，經由元亨利貞，接著貞下起元，自能一路順遂，得意卻不忘形。

天道四德	元亨利貞	人有四德
（元始）	元	（慎始）
（亨通）	亨	（互惠）
（公利）	利	（公益）
（貞操）	貞	（貞操）

生生不息	元亨利貞	自強不息
貞下起	元亨利貞	下起元

五、知進退存亡而不失其正

任何人來到陌生的地方，最好先放下身段，擺低姿態。先拜訪一些當地的相關人士，一方面給以面子，一方面打聽行情，以求入鄉隨俗，做出當地可以接受，甚至於歡迎的舉動。否則初來乍到，尚未摸清底細，便冒然出手，萬一遭遇強敵，豈不是自找苦吃？至少也是魯莽、愚昧，令人覺得十分可笑。一出道就遭受挫折，有時轉而憤世嫉俗，自覺委屈。對自己的傷害，更是相當嚴重。

摸清底細，知道合理度。遇到時機來到，當然要盡力而為，有所表現。由於事先準備充足，又有相關人士支持，應該可以獲得良好的反應，被稱為未來的光明之星。

豬怕肥，人怕出名。表現得不好，反而沒有人理會。若是表現良好，難免招忌。各方面有形無形的打擊不斷，必須高度警惕。稍有閃失，很可能以小成作收。

小成在握，要不要持續奮鬥？由自己決定。臨事而懼，才能好謀而成。大成就畢竟不比小成，必須更為堅貞。

一躍而飛，以大德居大位。這時候更要重視精神的感應，促使民風國俗，能夠獲得導正。九四以前比較重視實際的運作，九五則相對重於無形的感化，必須合理調整。

無論如何，知進退存亡，才是正道。當進則進，應退即退。一切以合理為判斷標準，才能慎始善終。

由初九慎始出發，到上九獲得善終。必須隨時提高警覺，知所戒慎。不得稍有大意，所以並不容易。然而自作自受，一切都有賴於自己的自強不息，才是乾道的精神。

善終　（上九）—— 求得好死，心安理得。

↑

慎始　（初九）—— 入境隨俗，不可魯莽。

知進退存亡的道理，還要及時做好調整。

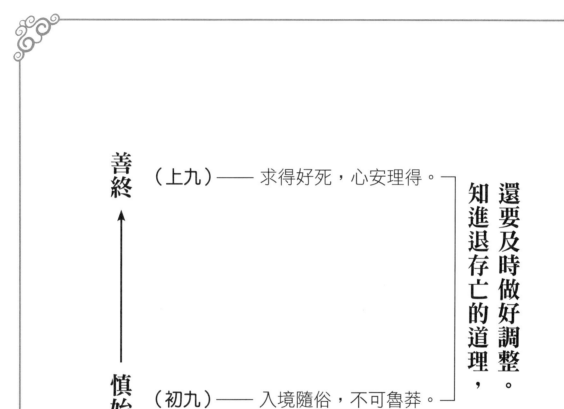

六、只要奇偶變易全卦皆變

易學重視變易，一卦之中，只要任何一爻，不論是陰變陽或陽變陰，則全卦皆變。我們從這些變易的現象，可以體會若是表現得不合理，可能產生什麼樣的後果？

先看初九爻由陽變陰，就成為姤（䷫）卦。表面上看起來，五陽在上，一陰起不了什麼作用。殊不知這一來，已經種下十分嚴重的禍根。不貞的結果，使得基礎很不穩固。

再看九二爻由陽變陰，就成為同人（䷌）卦。上與九五相應，很容易得寵而仗勢欺人，反而不為同仁所歡迎。

接著九三爻由陽轉陰，就成為履（䷉）卦。這時候只好行之以禮，以求履險如夷。換句話說，敬鬼神而遠之，便是十分重要的態度。重視誠正，才有致福的可能。

若是九四爻由陽轉陰，就變成小畜（䷈）卦。以陰承陽，必須採用以柔克剛的原則，以免冒犯長上，對己不利。但是不能勸諫上級，也是未盡責任，必須妥為因應。

還有九五爻由陽轉陰，就變成大有（䷍）卦。六五雖然不當位，卻與九二相應。只要寬柔合理，必能天下大通。柔得尊位，六五居上卦之中，上下五陽爻，都能夠相應。我們稱陽為大，一卦的大者都為其所有，因此稱為大有。

最後，上九爻由陽變陰，就成為夬（䷪）卦。形成一陰在上，五陽並進的局面。若想不被去掉，恐怕誰也保不了。

我們透過這樣的變易，從本卦（䷀）和變卦（䷫、䷌、䷉、䷈、䷍、䷪）的差異，詳加比較，細心玩味，用心體會，應該可以獲得很多平日想像不到的心得。

一爻變全卦皆變。
牽一髮而動全身，

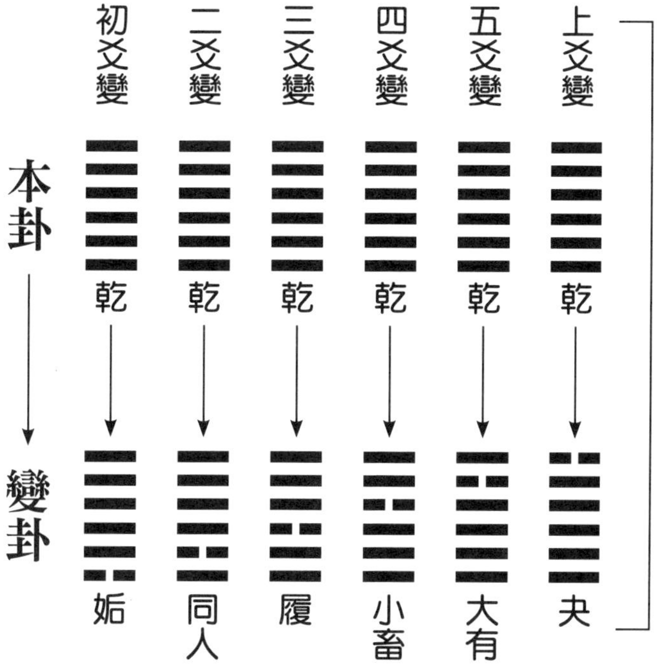

我們的建議

1 人生是階段性的調整，每一階段，都應該做好合理的調整。按部就班，逐漸提升自己的層次，以配合實際的需要。由下卦而上卦，依始、壯、究的順序，盡人事聽天命。

2 即使是龍，也應該依據所處的環境，分別做出潛、現、惕、躍、飛的調整，以免陷入高亢的困境。群龍无首，並沒有固定的狀態，隨時機動應變，才能吉祥順當。

3 君子學習龍的精神，必須自強不息。中華民族幾千年來，迭經禍亂，而巍然長存，便是秉持這種自立自強的精神，所以稱為龍的傳人。歷經敵國外患的嚴厲考驗，已經証明易經乾卦，深入每一個炎黃子孫的腦海，歷久不忘。

4 凡事一開始就確立正大光明的目標，自然容易獲得亨通的發展。情況愈有利的時候，愈應該保持正常合理的貞操。無論對人對事，都認真、負責、忠誠。這樣元亨利貞走下來，必能貞下起元，產生良好的循環而生生不息。

5 人生是一連串的選擇，每一次選擇，都可能進步，也可能退步。必須時時進德修業，保持與時俱進，才能在不斷的人生歷程中，知進退存亡而不失去正大的方向。

6 俗語說：牽一髮而動全身。乾卦六爻中的任何一個陽爻變成陰爻，立即變成另一個卦。一爻變，導致全卦皆變。可見對人對事，稍有絲毫疏失，必然影響全局。這種憂患意識，需要自己細心體察，用心理會，才能夠明白。

第五章　坤有那六大特性？

坤和乾一樣，也具有元亨利貞四德。
乾元創始，坤元緊接著產生各種變化。
沒有至剛，那來至柔？坤是柔中帶剛。
平日溫柔順從，一旦翻臉，才知最毒婦人心。
坤能凝聚成物，增長主體意識。
孕育長養，都是了不起的功能。
乾以氣為主，坤以形為體。
自強不息，才能夠以柔順相應。
坤能博厚載物，使萬物順利成長。
人應該利用厚生，以造福社會人群。
退藏於密，以期長久保持實有。
深藏不露，才能專注於重要的事務。

一、坤也具備元亨利貞四德

周文王為坤卦所做的卦辭：「坤，元、亨、利牝馬之貞。」和乾卦一樣，具有元、亨、利、貞四德，只不過加上牝馬這個條件。牝這個字，原本指母牛，後來用以廣泛指稱雌性的鳥獸。為什麼不用牛，而用牝馬來限制呢？因為牛和馬同樣順從，牛卻缺乏原則性。叫牠做什麼？都順從。誰叫牠做，好像也無所謂。牝馬就不是這樣，既有原則性，也忠貞不二。對人具有選擇性，並不是任何人都順從。坤和乾的不同，即在於「利牝馬之貞」。坤卦六爻皆陰，所以用牝馬而不以牡馬（也就是雄性的馬）來表示。實際上牡馬不容易駕馭，不如牝馬順柔。

乾卦的龍，可以看成天的化身。由陽剛雄健的氣所構成，屬於純陽。坤卦的馬，為了和乾卦的龍相配合，所以牝馬比較有利而牡馬相對不利，也就十分合理。

同樣是元，作用也不一樣。乾元是創始，同時產生時間、空間和原物質。而坤元則是時間，空間和原物質發生以後，所產生的各種變化。坤卦和乾卦，具有先後的關係。先由乾元發生時間、空間和原物質，再有坤元的配合，發生種種變化，形成各種不同的性命。這些不一樣的性命，卻具有相同的要求，那就是合理的貞操，正當的操守，才叫做「各正性命」。元亨利貞既可以解釋為春夏秋冬，也可以解釋成東南西北，又可以說是仁義禮智，便是為了因應不同性命各別的需要。談易經必須保持相當大的靈活度，不能夠固執一事一物來說。用彈性很大的漢字來表達，更為方便。

元
- 乾元創始，造成空間、時間和原物質。
- 坤元接著產生各種變化，以生萬物。

亨
- 乾因創始而亨通。
- 坤以柔順而亨通。

利
- 乾因有無相通而獲利。
- 坤以完成重大使命而得利。

貞
- 乾以正大光明的目標為操守。
- 坤以柔順卻不陰險為操守。

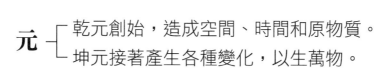

二、坤是柔中帶剛的至柔性

一般人都有絕對性的傾向，喜歡把易經的相對性，看成絕對的彼此相反。譬如乾為至剛，坤即至柔。卻忽略了至剛生柔（陽極生陰），至柔生剛（陰極生陽）。

男人柔情似水，大家比較容易察覺。而「最毒婦人心」，就需要深一層體會，才能充分瞭解真正的原因。女性柔順，對丈夫忠貞不二，如果缺乏寧死不屈的剛強，怎麼能夠保持忠貞的志行？就是這種剛強的氣質，當發現丈夫不忠時，很可能反過來弒殺親夫。無毒不丈夫，最毒婦人心，兩者比較起來，最毒還勝過無毒。寧可得罪男人，也不要得罪女性朋友。男不與女鬥，是提防險惡的良方。

坤卦的卦辭接著說：「君子有攸往，先迷後得主，利。」君子指品德修養良好的人，有攸往的意思是有所往。合起來便是君子有所行動，打算做一些事情。這時候先迷後得主，比較吉利。先迷是坤在乾前，容易迷失方向。若是坤在乾後，那就跟在後面而有所得，當然吉利。

乾如果代表看不見的思想（觀念），坤便是看得見的行為（態度）。先迷成為行動領導思想，難免輕舉妄動，十分危險。後得主才是思想引領行動，想妥當才付諸實踐，符合謀定而後動的原則，更加有利於維持正當的操守。

完全柔順，很樂意追隨在乾的後面，但是行動的時候，卻難以積極進取。一方面追隨，一方面還要剛強的行動力，以防落後而跟不上，與乾愈離愈遠，彼此很難配合。這種柔中帶剛的氣質，才是真正的至柔。

無毒不丈夫	V.S.	最毒婦人心
看起來既狠又毒， 是有限度的暴虐。		平時溫柔可愛， 狠起來更可怕。

男不與女鬥，
以提防險惡。

三、坤能凝聚成物孕育長養

周文王崛起於西北，為了增強西方的主體意識，於是把乾坤移到西邊，形成後天八卦，這是另外一種說法。乾坤從正中的（天）南（地）北移位後，考慮離卦為火，放置在比較炎熱的南方位置；而將寒冷的北方，放上坎卦的水。震為雷，春雷多發自東方。兌為悅，夕陽雖然接近黃昏，卻也令人喜悅，仍然無限好，安放在西方。艮為山，周人的勢力，終將由西向東，止於東北，所以東北為艮，具有鼓舞士氣的作用。西南原本多風，因此為巽。和當年伏羲氏的先天八卦圖，完全依據我國的地形地物來定位，顯然出現公天下與家天下的不同心態，值得我們細心玩味，以加深體會。

坤卦卦辭又說：「西南得朋，東北喪朋，安貞，吉。」依後天八卦的方位，西方的兌為少女（☱），南方的離為中女（☲），東南的巽為長女（☴），都是陰卦（多陽），與西南的坤（☷）同類。由於同類相聚，容易結交成為朋友。所以坤在西南，獲得很多志同道合的朋友。反觀東方的震為長男（☳），東北的艮為少男（☶），而北方的坎為中男（☵），都是乾（☰）的同類。坤若是向東北走，必然喪朋失類。安貞的意思，是反省自己，夠不夠柔順？夠的話，得朋友幫助有利；不夠的話，喪失朋友反而有利。擴大來說，君子得道多助，得朋友利。小人離經叛道，喪朋反而更好。反過來看，獲得君子的協助，應該柔順。以柔順的方式，追隨小人的陰惡行為，那就不吉了。物以類聚，人以群分，才能孕育長養，發揮坤卦的偉大功能。

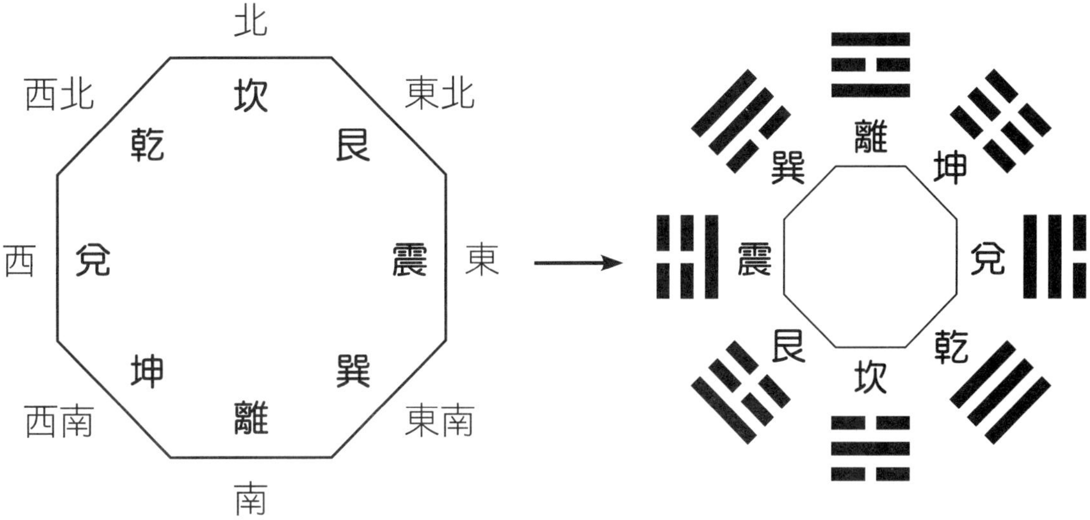

文王（後天）八卦圖

四、坤以柔順配合天德陽剛

坤卦的彖傳說：「至哉坤元，萬物資生，乃順承天。」我們把它和乾卦的彖傳「大哉乾元，萬物資始，乃統天」對照起來看：乾元資始，為性命的開始，坤元資生，是形體的生成。性命和形體，對萬物來說，都是不可不兼顧並重的。雖然有先後，卻相差不遠。乾元統天，統轄了天體；而坤元承天，承受天意以生長萬物。大哉乾元，表示天大到可以包地。至哉坤元，則是地再大，也包不了天。天以氣為主，地以形為主。氣先於形，所以乾元資始，而坤元資生。坤要柔順以承受乾的氣，才能順利地生物。

然而，乾元和坤元，都應該共同秉持天道。這是先決條件，使乾元和坤元彼此配合，而又互相合作。若是乾元不遵守天道，坤元照樣可以不配合乾元，這才是相對待的原理。否則就成為片面的要求，也就是不符合天道。

乾元必須自強不息，坤元才能柔順相應。男性夠剛健，女性柔順才有依靠。丈夫負責任，妻子才值得守貞操。君看得起臣，臣自然對君忠誠。反過來說，乾元不能自強不息，坤元柔順又有何用？男性的精子不爭氣，女性的卵子怎麼能夠受孕？男人不夠剛健，女人怎能依靠？丈夫不負責任，有什麼權利要求妻子守貞操？君看不起臣，把臣當做奴才使喚，臣何必對君忠誠？長久以來，我們不是把乾坤兩卦分開來看，便是把道理說成絕對化，以致僵硬而缺乏彈性，強制卻不合乎人性。柔順變成逢迎，配合形成討好，承受成為忍受，根本不是易理的原來用意。

天德

乾元	坤元
天可包地，	地無法包地，
天氣先於地形。	地形成受天氣。
天降雨。	地潤濕。
男人剛健。	女人依靠。
君看得起臣。	臣對君忠誠。
丈夫負責任。	妻子守貞操。

五、坤能博厚載物利用厚生

只有天沒有地，萬物都無法生成。有性命缺乏形體，構不成物。能量大家看不見，必須透過器物才能表現功能。大地的博厚，使上天有用武之地，實在十分偉大。至哉坤元的「至」，便是最大、最廣、最厚的意思。但是它來自大哉乾元的大，才能獲得這樣的至。只有地沒有天，同樣無法生成萬物。有形體而缺乏性命，豈不是行屍走肉？恐怕連行走都有問題。有器物若是沒有能量，實在做不出功來。坤的彖辭接著說：「坤厚載物，德合無疆。」表示地道必須與天德相合，才能共同生出萬物。

坤彖又說：「含弘光大，品物咸亨。」含弘指地的博厚，善惡美醜無所不包。博施原積，所發出的光也很大。萬物生於地，長於地、老於地，死於地，藏於地，都因地而亨通。坤卦象辭說：「地勢坤，君子以厚德載物。」地高低不平，有些地方更是形勢險惡，原本不平也不順。地勢坤即是地勢順的意思，所指的不是形勢，而是所處的位置，永遠在天的下面，所以說順。秉持天意，來厚德載物，絕無反抗、抵禦的表示。有德的人士，應當效法地的德性，增厚自己的美德，以承載重責大任，造福人群。具體的表現，即為利用厚生。發揮萬物的效用，充實人民的生活。君子做這些事情的時候，最好按照坤卦象辭所說「先迷失道，後順得常」的原則。不要在首領尚未許可之前，便率先去做，以免迷失方向，至少不合柔順的道理。在後順從，才合乎柔順的常道。坤在乾後，是一種倫理。

坤	人
最大、最廣、最厚。	心胸寬大，德行深厚。
與天德相合。	遵守自然規律而生活。
博施厚積。	充實自己，服務社會。
厚德載物。	利用厚生。
先迷失道。	擅自作主不合情理。
後順得常。	獲得許可才行動更合乎常則。

六、退藏於密以期長保實有

把手伸出來，一隻手掌有幾個手指頭？五個。小孩子計數，每次壓下一個手指頭：一、二、三、四、五。這五個數字，叫做生數。以一為基數，每次增加一個，相當於生出另一個。生到五個，沒了。要想再增加，必須拉另外一隻手掌來合成。六、七、八、九、十，都叫做成數。

古代一、二、三、四的寫法，應該是一、二、三、亖，很容易弄混。用六、七、八、九來表示陰陽，比較清楚。其中六和八屬偶數，代表陰。七和九屬奇數，代表陽。陽動而進，由七變九，所以七為少陽而九為老陽。陰動而退，由八變六，所以八為少陰而六為老陰。坤（䷁）卦六爻皆陰，退而又退，顯示退藏於密的現象。象徵大部分珍貴寶物，都埋藏於地下，才能保存長久而不致損壞。

考古學家都知道，保持古物最好的方法，便是不加以發掘。出土是不得已才做的事情，不應該大量挖掘。各種礦產也只能合理開採，以免挖光用光，使後代子孫無礦可採，不知道要用什麼？地的堅實、牢靠，主要由於地中實實在在存著很多東西。哪一天挖空了，地面塌下去，反而把地面上的東西，都埋了進去，豈不成了天翻地覆？

老子提倡深藏不露，是專門對具有真才實學的人說的。沒有真才實學，有什麼好深藏的？露吧，就那麼一點點，一露就光了。只有真才實學，才需要深藏不露。集中精力和時間，處理重要的事務，這才是坤的美德。把不重要的事情，交給那些喜歡作秀的人，讓他們去忙，又能怎樣？

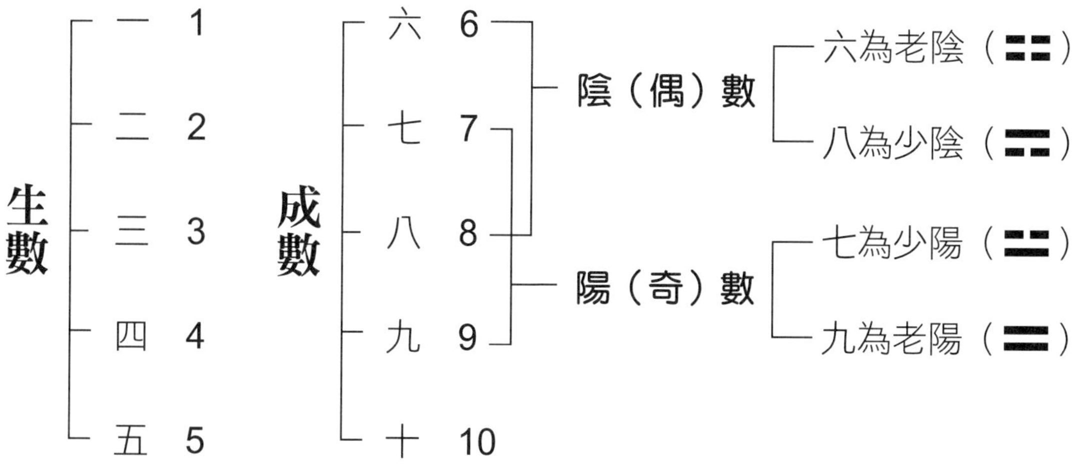
生數
一 1
二 2
三 3
四 4
五 5
成數
六 6
七 7
八 8
九 9
十 10
陰（偶）數
陽（奇）數
六為老陰（ ）
八為少陰（ ）
七為少陽（ ）
九為老陽（ ）

我們的建議

1 既然地球必須圍繞著太陽轉動，地就應該順應天，坤卦必須順從乾卦。男女平等，當然也應該有主伴的分別。過去重視主從，現代最好改變成為主伴，有主也有伴。有時候男做主，女為伴；有時候女做主，男為伴，合理就好。

2 剛柔是相對的，並非絕對。剛到極點，即柔。英雄不落淚，表示未到真正傷心的時刻。柔到極點，即剛。這種至柔至剛，是坤最可愛的特性，要特別加以重視。

3 方位是必要的，有指引方向的作用。卻也是以人為主的。各人有不同的需要，所以產生不一樣的方位。公私的差異，在確定方位時，很容易查覺出來。

4 乾元必須自強不息，坤元才能柔順相應。乾坤共同以天道為依歸，由資始而資生，承受天意以生長萬物。若是乾綱不振，導致坤道陰險，恐怕是必然的後果。乾坤必須兼顧並重，乾卦安排在坤卦前面，仍然有正當的理由。

5 坤博厚載物，表現於地大物博。再重的山，都承受起來。再深的海，也不會溢出來。人應該學習坤的精神，用心利用厚生，把萬物的效用，發揮在有益生活的方面。

6 地面堅實是由於地下實有，高樓大廈才支撐得住。各種寶藏埋在地下，不希望很快曝光，使子子孫孫有希望，也有東西可以用。合理開採，務求合乎坤的道理。

第六章　坤卦六爻有什麼變化？

坤卦六爻皆陰，初六不當位。
履霜堅冰至，最好預先做好準備。
六二當位，最適合自然展現。
率直、方正、大方，避免感染某些惡習。
六三既不當位，又與六五不能相應。
必須先迷後得，保持无成有終的心態。
六四當位，但與六五過份接近，心存戒懼。
口風要緊，保守秘密，才能獲得上級的信任。
六五已經是人臣的最高位，務必適可而止。
承上啟下，都應該以協調為主，保持吉順。
上六陰極成陽，馬飛上天，人人都看成是龍。
倘若功高震主，功勞愈大的，勢必死得愈快。

一、履霜堅冰至良馬要馴服

坤（☷）卦六爻，由下而上，分別為初六、六二、六三、六四、六五和上六。從初到上，都是陰爻。二、四、上為陰位，六二、六四、上六陰爻居於陰位，稱為當位。初、三、五為陽位，初六、六三、六五陰爻居於陽位，顯然是不當位。坤卦上坤下坤，也可以說內外都是坤，稱為純陰卦。和乾卦一樣，在六十四卦中，屬於稀有的純卦。

初六爻是坤卦的第一爻，不當位。爻辭說：「履霜堅冰至。」警惕意味十分嚴重。告訴我們，當走路的時候，腳踩到霜，千萬不要掉以輕心。甚至於踏來踏去，或踢來踢去，認為很好玩。一旦霜積得厚，結成堅冰，那就走不動了。一步一滑，甚至摔得人仰馬翻，十分危險。

地面有霜，是自然現象。坤卦既然利牝馬之貞，提醒我們，牝馬雖然順貼，還是需要嚴格的馴服。屢經各種不同的考驗和磨練，才知道是不是一匹好馬？值不值得把自己寶貴的身家性命，託付給牠？若是發現一些不良習慣，必須及早加以糾正，以免有一天闖出大禍，後悔莫及。

小人的惡念，就好像地面上的霜一樣。剛開始的時候，薄薄的一層，太陽一照射，便消失了。這時候稍微加以勸導和糾正，很容易改變過來。倘若小惡不懲，養成不良習慣，那就惡性難改，再加以嚴厲的懲罰，恐怕也將無濟於事。組織中新進人員，最好考察他們的警覺性高不高？凡是警覺性不高的人，大概都不是良馬。就算柔順，不過是唯命是從的奴才，不可委以重任，以免害人害己。

坤 ䷁

初六，履霜堅冰至。

初、二為地位。初為地下，尚未冒出地面。
剛出社會，最好謹慎小心，處處提高警覺。
發現地上有霜，那怕很薄，也要設想未來的演變。
隨著節氣的變化，可能愈來愈寒冷。
甚至於結成堅冰，都有可能。
必須預先做好準備，以資適時因應。

慎始、預警

二、最好直方大不習无不利

坤卦六二爻辭說：「直方大，不習，无不利。」六二爻以陰爻居陰位，是當位的爻。坤為地，地的本來面目，便是直方大。直指地氣向上直升，植物向上生長，人也應該積極向上（善）。方是方形物體比較穩固的意思。天圓地方，從科學的解釋，似乎並不妥當，因為地也是圓的。但以易經的觀點，方和圓是一樣的。大方為圓，小圓為方。天廣大無邊，人仰望天，只看出它的圓，地卻有界線，人看地時，往往只能看出有限的部份，方方正正，也是人對地的最好規劃。大即恢宏偉大，大地風光明媚，令人心生敬重。直方大是地的自然景象，絲毫不造作地表現出來。人居大地之上，最好像地一樣真誠，表示自己的心地光明，既正直又大方。牝馬也是如此，把馬性率直地流露出來，使用的人比較容易適應。不習的意思，有兩層：

一是不要學習，便能自然表現出來的，才是真正的本意。若是經由培訓，刻意學習，很可能是表面上的功夫。虛偽、造作、欺騙，都令人十分不自在。

一是不要胡亂學習，獲得一些錯誤的觀念，養成一些不良的習慣。學習是好的，胡亂學習則是嚴重的傷害。

無不利是無所不利，但是，造作或扭曲，甚至於錯亂的直方大，仍然會帶來不利。正直而圓通、有原則地內方外圓，加上恢弘的心胸，當然無往不利。六二居地道之上，已經有一些作為。好比一匹良馬，顯出某些長處。如能保持直方大的真誠，不染及惡習，可保無不利。

坤 ䷁ **六二，直方大，不習无不利。**

六二是地位的上爻，表示已經出現在地面上。
出於自然的率直，方正、大方，要順性表現。
不經過學習，並非造作、虛偽、欺騙，才見真誠。
加上慎選學習的對象和內容，不胡亂學習，
並沒有吸納一些錯誤的觀念，搞亂自己的腦袋。
這樣的情況之下，是不會不利的。

展現、存真

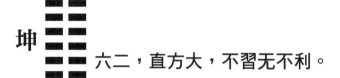

三、內在美表現在无成有終

坤卦六三爻辭：含章可貞，或從王事，无成有終。

含是包含的意思，也就是內在。章為美，含章即為內在美。六為陰爻，三是陽位。六三以陰爻居陽位，在人事上相當於內剛外柔，也就是內方外圓。外表看起來，柔順圓融，內在卻十分剛強正直。貞是正固，具有內在美，就算不當位，六三自己的能力，還是可以保持正當的操守。

或是惑的簡寫。六三位於內卦之上，外卦之下。顯得進退不定，難免困惑。在從事公務的時候，遇有困惑，不能擅自做主，最好服從命令。目前雖然沒有成就，將來歷經磨練，終久會有更好的成就。換句話說，把功勞歸給上級，自己只要用心把事情處置妥當就好了。

牝馬遇到進退不定的困惑，必須遵守「先迷後得主利」的原則。自作主張，擅自做主，便是先迷。奉命然後行事，才是牝馬的本份。具有這樣的內在美，當然是可以保持正固操守的良馬。只要順利完成任務，有始有終，不一定要有什麼成就感。王事是什麼呢？我們從「先迷後得主」這句話，來加以探究。坤在乾後，以乾為主宰。這裡所說的主，應該是天道。替天行道，才是最重要的大事。把它稱為王事，當之無愧，不論人或馬，都要具備這種「无成有終」的內在涵養。把功勞歸給上級，自己把事做好。實際上想和上級搶奪功勞，再怎麼說也是徒勞無功。反而引起上級的不滿，引來不必要的打壓。把功勞推給上級，說不定換來一些嘉勉。至少獲得上級的信任，更為有利。

坤 ䷁ 六三，含章可貞，或從王事，无成有始。

三、四為人位，很容易不三不四，要特別小心。
六三居人位下層，剛剛獲得上級重視。
六三不當位，與六五也不相應，所以多凶險。
這時內在美特別重要，切忌擅自做主。
有命令才動作，獲得許可才執行。
只有完成任務的決心，不能奢望有什麼成就感。
只把功勞歸於上級，或許可以分得一些獎賞。

忍辱、耐勞

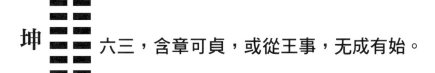

四、括囊才能獲得无咎无譽

坤卦六四爻辭：括囊。无咎无譽。

括囊是把囊的口結紮起來，不使囊裡的東西掉出來。好比我們的褲袋，一定要開口處較窄，而袋肚較為深廣。因為開口較窄，放置東西不容易掉落。袋肚深廣，才能裝入更多物品。括囊的意思，其實是口風要緊，以保守秘密。六四以陰爻居陰位，屬於當位。但是位於上下兩卦的相接處，上陰下陰，最好不求有功，但求無過。首先要做到的，便是謹守秘密，不當組織中的廣播電台。

六四和六五十分接近，六五常常和六四討論一些事情。一方面想聽取六四的意見，一方面又害怕六四把聽到的訊息，胡亂傳播，難免造成內部的不安，甚至引起外界的誤解。於是，六五常常用測試的方式，故意對六四說一些子虛烏有的事情，而且只對六四一個人說，不對其它的人提起。看看結果如何？便知道六四能不能保密到家？

一段時期，外面的人開始傳播這樣的事情。六五不必追究，便知六四很不可靠。從此不敢和他談論正事。反過來利用他當作廣播電台，透過他放風聲，以觀後效。若是外界完全沒有這樣的傳聞，六五會再試幾次。確信六四守口如瓶，不致亂傳訊息，便放心地和他討論事情，甚至請他擔任機要人員，協助處理有關機密事宜。六四固然獲得信任，對外卻是默默無聞。既沒有什好的聲譽，也不致有什麼禍害，所以无咎。但是不知括囊，不守份，極力想爭取名聲，那就不是无咎，而是咎由自取了。

坤 ䷁ 六四，括囊。无咎无譽。

六四是坤上的初爻，也是人位的上爻。
走完坤下，剛剛登上坤上，心懷戒懼。
與六五太接近，切記口風要緊，守密為先。
若是口不擇言，胡亂傳播訊息，
勢必造成內部的不安，引起外界的誤解。
那就有咎无譽了。

守密

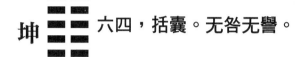

五、黃裳元吉表示大為得計

坤卦六五爻辭：黃裳元吉。

五是君位，六卻只是臣身。以臣身居君位，可以說已經位極人臣。位於上卦的中爻，具有柔能得中的象，表示柔順得十分合理。承上啟下，都有良好的表現。好比穿著黃色的衣裳一樣，和其他顏色的衣裳，都能夠調和，不致過份對比或礙眼。裳是古代穿在衣服外面的長裙，現代叫做裙子，繫辭下傳記載：「黃帝、堯、舜垂衣裳而天下治，蓋取諸乾、坤（兩卦的卦象）。」黃帝、堯、舜設置文物制度，垂下衣裳，採取無為而治的方式，結果天下太平，人民安居樂業。所穿著的衣裳，取象於乾、坤兩卦。乾為衣，坤為裳。垂衣裳的意思，是上衣下裳有別，象徵君主和臣下，必須講求倫理，黃色在紅、白、黃、黑、藍五種基本色之中，可以說是中間色。不像黑白那麼對比，有相拒的感覺。也不如紅藍那樣對抗，顯得不很融洽。黃表示六五的品德，裳代表六五的位置。黃裳的意思，是位置高貴而態度謙和，所以元吉，也就是大為吉祥。

古代的將相，是人臣最高的尊榮。坤卦象傳說：「黃裳元吉，文在中也。」文即紋，是文彩的意思。六五居上卦的中爻，有如黃色那麼中和，所以說文在中。引申為才華在內，品德修養良好。最具體的表現，當然是對上忠誠，而對下信實。倘若不是這樣，就算穿著黃裳，恐怕也得不到文在中的好評，當然不可能元吉。牝馬表現得如此神奇，實在少之又少。名馬中的名馬。更加大意不得。

坤 ䷁

六五，黃裳元吉。

六五陰居陽位，以臣身居君位，當然不當位。
專業經理人，畢竟不如當家的老闆。
老闆可以換掉專業經理人，具有實際的權力。
將帥在外代表君王，返朝後照樣俯首稱臣。
黃裳元吉，最好無為而治，切忌功高震主。
承上啟下都力求圓滿，自然元吉。

奔馳

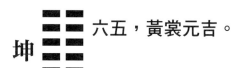

六、龍戰于野必然其血玄黃

坤卦上六爻辭：龍戰于野，其血玄黃。

上六位於坤卦的最上爻，由於陰極生陽，相當於乾陽的亢龍。再好的馬，也只能飛快地奔馳。若是真的飛上天，大家一定把牠當成龍。上位的龍，即為高亢的亢龍。

按照亢龍的特性，是不容許出現另外一條亢龍的。如果出現這樣的情況，非發生劇烈的戰鬥不可。上六的作戰對象，並非坤卦內部的牝馬，而是乾卦的上九，屬於外界的戰爭，所以說龍戰于野，便是陰陽亢龍在野外作戰的意思。結果兩敗俱傷，都流了血。玄是天的顏色，陽亢龍屬天，流出來的血呈現玄色。黃是地的顏色，陰亢龍屬地，流出來的血黃色。其血玄黃，兩種不同顏色的血，混在一起，表示戰鬥的慘烈，令人觸目驚心。

象傳說：「龍戰于野，其道窮也。」窮即極，走到了極端的地步。坤上六，表示陰到了極點。原本只是初六爻的薄冰，現在變成了堅冰，果然証明堅冰至的時刻，已經出現。於是觸犯了乾上九，非戰不可。歷史上功高震主的功臣，往往功勞愈大，死得愈快，便是最好的証明。

易經的道理，陽是不能盡的。好比一個人陽壽已盡，那就是死亡了。只要一口氣猶在，便是陽氣未盡。我們常說最後一口氣很難嚥下去，表示生存的意志力十分堅強。坤卦發展到了上六爻，幾乎沒有陽的餘地。這種无陽的狀態，對陽本來無盡的乾卦來說，根本違背了易經的扶陽抑陰的精神。相當於功高震主，完全不把陽放在眼裡，非戰不可。

坤 ䷁

上六，龍戰于野，其血玄黃。

奔馳是名牌汽車，也只能在道路上飛快行駛。
一旦飛上青天，大家便認為那是飛機。
再好的馬，只能夠在山頭上快速奔走，
若是能上青天，大家都說那是一條龍。
陰龍引起陽龍的注意，必然在野外決戰。
天龍流玄血，地龍淌黃血，一片玄黃，兩敗俱傷。
只要坤不把乾放在眼裡，必定非戰不可。

戒亢

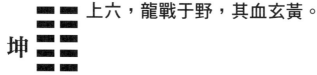

我們的建議

1 從「履霜堅冰至」，可以引申出「見微知著」（看見任何細微的徵兆，都不能放過，必須用心模擬逐漸顯著的後果）、「防微杜漸」（設法把這些微細的不利因素清除或堵塞，使其不致滋生擴展）、「防患未然」（在患難尚未形成時，先著手加以防止）。

2 天生自然的率直、方正、大方，人人喜愛。若是學習而來的虛偽、造作、欺騙，必然人人厭惡。學習固然很好，也要慎選學習對象和內容，以免腦袋被搞亂掉。

3 內在美的具體表現，在謹守本份，不擅自做主。凡事獲得上級許可，才能付諸實行。沒有功勞，也應該有始有終，用心把該做的事情，從頭到尾做好。

4 與首長接近，受到首長的信任和賞識，更需要保守秘密。知道的事情愈多，實在愈危險。這種戒慎恐懼的心理，才是既沒有美譽也不致產生小過錯的有效保障。

5 好不容易位極人臣，更應該對君王忠誠，以免引起疑慮。對下不能驕傲、輕挑、蠻橫，否則小報告很多，終將造成不利的局面。不能奉承、諂媚、討好。只有真誠關懷，誠心誠意，以保黃裳元吉。

6 功高震主，歷史上出現許多案例。漢高祖殺韓信、雍正皇帝殺年羹堯，都慘不忍睹。大家最好適可而止，不要心目中沒有長上的存在，以免高亢得使自己無路可走。

第七章　坤上坤下有什麼不同？

龍戰于野，是大家不想看到的結局。
最好趁早培養无成有終的良好心態。

永久保持合理的貞操，
才能確保坤卦得以真正大終。

若是不能利永貞，最好明白表現。
寧可當真小人，也不要做偽君子。

提防陰惡小人，原本是自己的責任。
吃虧上當沒有人同情，一切都要靠自己。

有實力，明著搞革命，名正言順。
實力不足以造反，也不能陰謀劫弒。

時時提高警覺，慎防由極好變極壞。
稍有歪斜、出軌，便應該及時加以調整。

一、无成有終避免龍戰于野

大多數人，一輩子努力，到達六三的階段，也就是好不容易走完坤的下卦，便告老退休。有些人甚至在初六、六二的地道階段，就由於不夠道地而離開職場，不得不挺而走險，或者不務正業。能夠順利走完坤的下卦，進入坤的上卦。歷經種種磨練和凶險，還要心存戒慎，處處小心，才能獲得善終。可見慎始善終，是乾、坤兩卦的共同目標。從一開頭的潛心修持，提高警覺，到最終的亢龍有悔和龍戰于野，都在描述人的一生，必須經過的各種情境。

一個人除了培養高度的警覺性之外，最要緊的，莫過於自覺沒有功勞。警覺性的同義詞，便是懷疑心。凡事警覺性高的，就等於懷疑心重。我們認同警覺性，卻不喜歡懷疑心，實在十分不妥。特別是受到上級或他人的懷疑，便覺得受到侮辱，更是自取其辱。實際上受到懷疑，即是證明自己清白的大好機會，有什麼不好？自古以來，功沒過存便是不能改變的事實。大家只會記得我們的過失，很少有人願意承認、接受、記取我們的功勞。我們常說不求有功，但求無過。真正的意思是不要存心求取功勞，因為反正遲早不存在。應該謹慎小心，不要犯錯，以免被人家長久記住，不斷重複提起。有些人硬是把它當作消極的態度，實在是不明事理。現代人要求成就感，也是不明白「有小成就往往很難獲得大成就；不在乎成就的人，常常出乎意料之外，獲得大成就」的道理。坤上坤下，具有不一樣的戒慎心態。最好用心加以體會，以求竟其全程而獲得善終。

坤

坤上	上六	⚋	究	（龍戰于野）	大成
	六五	⚋	壯	（黃裳元吉）	
	六四	⚋	始	（无咎无譽）	
坤下	六三	⚋	究	（无成有終）	初基
	六二	⚋	壯	（不習无不利）	
	初六	⚋	始	（履霜堅冰至）	

二、永久保持貞操最為可貴

乾卦有用九，坤卦也有用六：利永貞。

利是適宜，永為長久。貞即保持貞操，也就是合理正當的操守。利永貞即為適宜於長久保持應有的貞操。

乾卦用九，指的是應用陽、運用剛、日用強。坤卦的用六，意思則是應用陰、運用柔、日用弱。六十四卦出現的陽爻，都是用九；顯示的陰爻，也都要用六。換句話說：用九不限於乾卦，用六也不限於坤卦，而是六十四卦通用。三百八十四爻，只要出現陽爻，便是用九。若是出現陰爻，即要用六。各有不同特性，最好明辨其差異性。

象傳說：用六永貞，以大終也。

同樣是人，理應大家平等，憑什麼要採取柔順的態度？就算不是自貶身價，至少也有辱自己的身份。可見卑順，柔軟的態度，必須出於真誠，心甘情願地表現出來，倘若採取制度化的精神，明白規定務必如此，一定要卑順、柔弱，就會引來很多虛偽、造作、欺騙的人。剛開始還自我壓抑得下來。久而久之，積壓得忍受不了，爆發出來，造成臣弒其君、子殺其父、妻毒其夫的不幸事件。

臣弒其君，當然不是大終。文言說：「坤至柔而動也剛，至靜而德方。在平常狀態下，坤柔乾剛。但是老子說：「天下莫柔弱於水，而攻堅強者莫之能勝。」我們常說柔能克剛，即使強硬如銅牆鐵壁，也會被柔弱的水所衝破。地十分平靜穩定，一旦山崩地裂，也十分可怕。這樣說起來，維持長久的柔順，保持合理的貞操，才能大終。

用六永貞以大終也

- 上六：龍戰于野能否及時避免
- 六五：黃裳之內有否懷藏凶器
- 六四：保守秘密是否另有企圖
- 六三：有內在美是否真心誠意
- 六二：直方大是不是出於自然
- 初六：腳踩到霜提防變成堅冰

每一階段的柔弱卑順，
都應該提高警覺，
加以合理懷疑，
以提防陰惡的詭計。

三、寧要真小人慎防偽君子

易經這一本書，從頭到尾，都是用道德來貫穿的。如果不重視道德，不相信良心的力量，也不能加強自己的品德修養，不如不讀。以免談了之後，增加危害人群社會的功力，徒然害人也害己。君子和小人，在易經當中經常出現。君子指品德修養良好的人；小人則是見識很小、不識大體、日趨下流的人。但是，有陰就有陽，有真便有假。有真君子必然出現偽君子，有真小人也一定有假小人。

怎樣分辨君子或小人？首先，聽聽他的觀點，然後，看看他的朋友，瞭解一下他公餘做些什麼？讀那一類的書，看什麼樣的雜誌？喜歡哪些資訊？又如何反應？

常常標榜自己是君子，多半是假的。遲早露出馬腳，讓大家看出偽君子的真面目。毫不避諱地表現出小人的行徑，反而是不虛偽、不造作、不欺騙的真小人，遠比那些虛偽造作、企圖矇蔽大家的偽君子，實在可愛得多。

至於假小人呢？有時候為了測試他人的真假，故意裝的。有時候為了規避責任，有意如此。有時則由於一時糊塗，無意間表現出小人的心態。真真假假，虛虛實實。無論是君子或小人，我們都應該用心加以明辨，嚴防混淆。

然而，真假難辨，虛實不明。凡是一路忠實到底，或者一路騙到底的，實際上便是真的。忽真忽假，最好認定不是真的，比較保險。我們寧可面對真小人，也不情願遇到偽君子。偏偏偽君子遠比真小人多得多，所以用六利永貞，是十分重要的啟示。不柔順則已，要的話請長久保持。

- **君子**（重視品德修養）
  - 真君子
    - 説的和做的一樣。
    - 言行一致。
    - 常久保持誠心誠意。
  - 僞君子
    - 説得很動聽，做起來完全走樣。
    - 言行不一致。
    - 有時真，有時假，捉摸不定。
- **小人**（常常不憑良心）
  - 真小人
    - 好意歹意都表露無遺。
    - 不虛偽，不造作，不欺騙，卻不幹好事。
    - 令人得以保持安全距離。
  - 假小人
    - 有時為了測試他人，故意裝小人。
    - 有時居於規避責任，不得不如此。
    - 有時糊裡糊塗，不知道這樣便是小人。

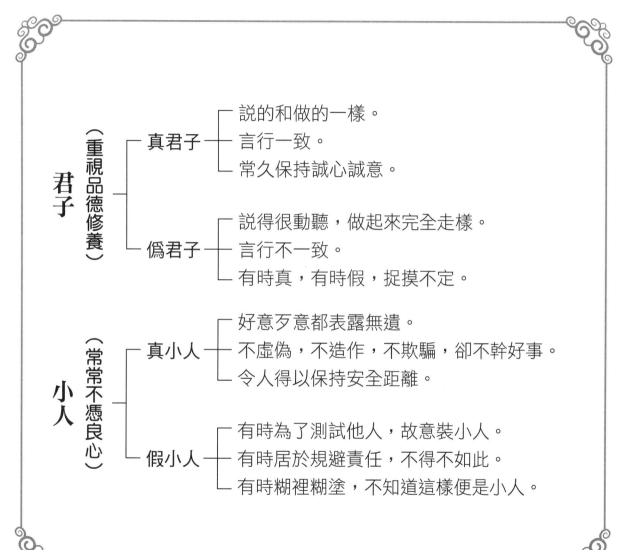

四、提防陰惡是自己的責任

坤卦初六，提示履霜堅冰至。告訴我們，陰氣初集的時候，水氣結成霜。朝陽輕輕照射，霜就不見了。我們因此不以為意，認為不足以影響行動。小人的行徑，和這種情況十分類似。剛開始時，不敢過分囂張。若是不加以取締、勸導或糾正，便可能像霜那樣，集結成為堅冰。雖然大力取締，嚴加勸導，也不容易加以改變。

前面說過臣弒其君、子弒其父、妻殺其夫，都不是一朝一夕，就會突然發生的。文言說：「其所由來者漸矣，由辯之不早辯也。」意思是：它所產生的原因，是平日逐漸累積下來，也就是不能及早明辨，沒有及時提防的結果。總認為不會、不會，才有措手不及的禍患。

讀易學，若是不相信「積善之家，必有餘慶；積不善之家，必有餘殃」的道理，豈不是白讀？積善便是累積善德善行，一代又一代，常做好事。子孫必然獲得福報，稱為祖上有德。餘慶表示遺福，是祖先遺留給後代子孫的福氣。不善的惡言惡行，累積下來，同樣會遺留給後代子孫，只不過是惡報而非善報。人類進入電腦時代以來，一切都加快了。這種善有善報，惡有惡報的反應，也快速得多。

上六的龍戰于野，是初六時不能妥為提防，終於形成堅冰，於是陰極成陽，牝馬變成亢龍，這才造成其血玄黃的慘局。時時提防陰惡，原本是人人都應該注意的。提防小人，乃是君子的責任。我們不同情吃虧上當的人，便是「自己不小心，怎能怪別人」的最好証明。

履霜 ——→	堅冰至
剛開始是薄霜	終於集結成堅冰
凡事不慎始	就很難善終
積善之家	必有餘慶
積不善之家	必有餘殃
小不忍	則亂大謀
事先不預防	屆時措手不及
自己不小心	怎能怪別人

提防陰惡，人人有責

五、明著搞革命也不能劫弒

柔順必須出於自願，否則難以持久。不甘久居人下，自然心生反抗。有實力的，明著搞革命。易經第四十九卦，澤火革卦（䷰），說的便是汰舊換新的道理。革命一定要有合適的時勢，和合理的智勇，並不是想做就能做的。沒有實力卻忍無可忍，常常會陰謀劫弒。坤卦的用意，即在提醒某些奸臣，假借柔順的手段，取得君王的信任，然後伺機弒殺，是十分殘酷的行為，殊不可取。

君子防不了小人，是我國歷史治少亂多的主要原因。我們常常把責任推給小人，說什麼小人當道，君子難有所作為。說什麼小人存心害死君子，而為所欲為。說什麼小人不擇手段，君子反而縛手縛足，所以小人得意而君子早死。這些都是藉口，拿來推卸責任，還得過去。若是當真，那就是自欺欺人。尤其是現代社會，君子如果勝不了小人，我們還有什麼希望？君子必須用心體會坤卦的道理，一方面防止小人的惡行，一方面也揭穿小人的假面具。

初六小象說：「馴致其道，至堅冰也。」馴是漸次的意思，陰寒漸次長盛，勢必經由薄霜而結成堅冰。如何防微杜漸，成為君子必修的共同課程。初六的履霜，六二的不習，六三的含章，六四的括囊，六五的黃裳，上六的龍戰，都是順應時機的自然變化。有真的，也可能是假的。君子用六，利永貞。是柔和，不應該軟弱。是調和配合，不可以諂媚奉迎。小人用六，表面柔和順從，內心陰險不測。君子必須勝過小人，人類社會才有光明的未來。

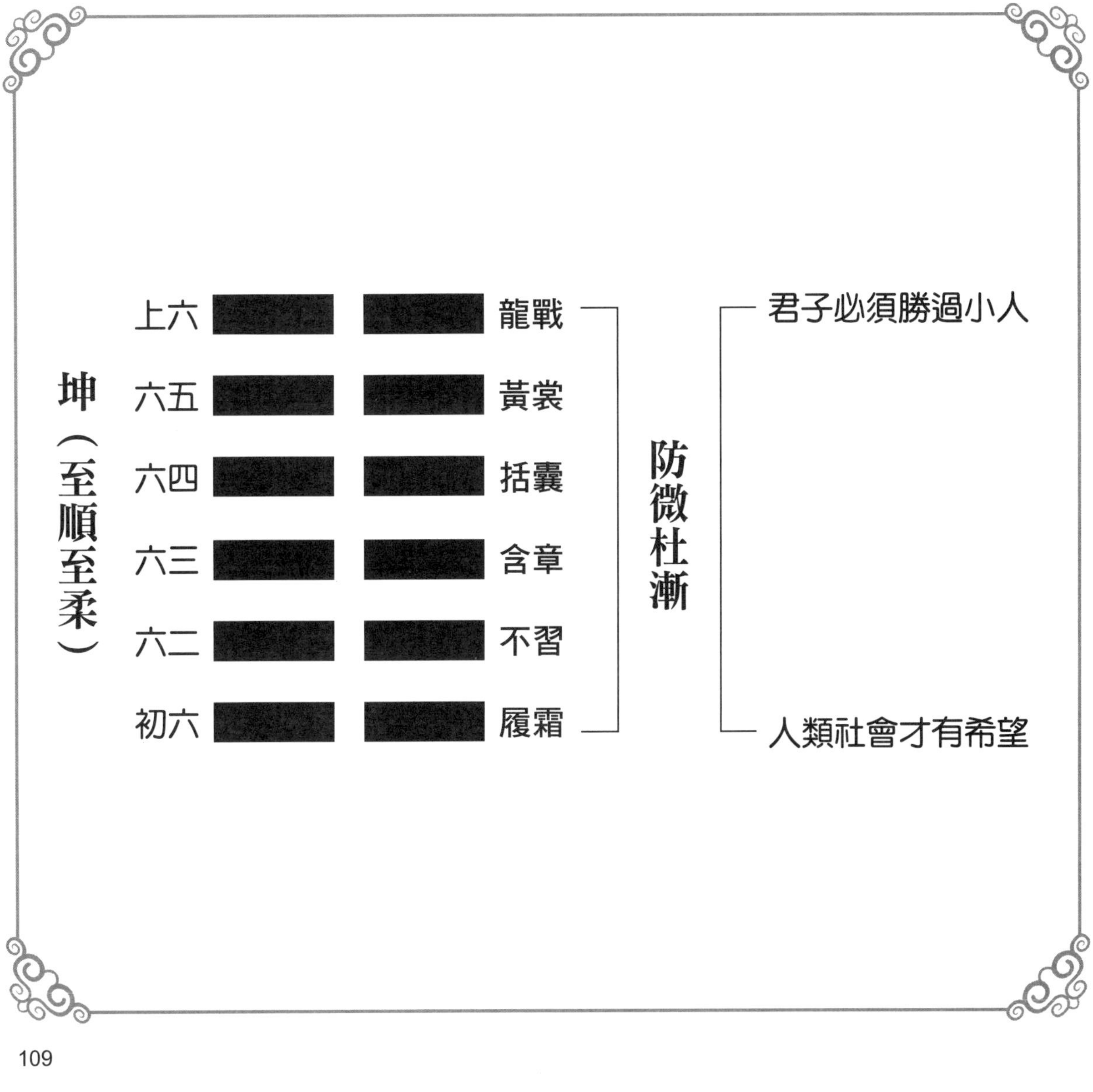
坤（至順至柔）
上六 龍戰
六五 黃裳
六四 括囊
六三 含章
六二 不習
初六 履霜
防微杜漸
君子必須勝過小人
人類社會才有希望

六、提防自己由極好到極壞

在學校裡品學兼優的學生，畢業後有的反而更為惡劣。我們說社會大學的影響力，往往有過於學校教育。實際上這是每一個人，自我心理的調適問題，和社會或學校，並沒有太大的關係。因為優秀的學生，成為優良的社會份子，也是常見的現象。我們不能以偏概全，用少數人的改變，來証明學校教育的無能。提防自己由極好變成極壞，是每一個人自己應盡的責任，後果也必須自作自受。

文言說：「君子敬以直內，義以方外，敬義立而德不孤。」提示我們，君子應該效法地德，以恭敬持重來端正自己的心志，用正當適宜來規範外在的行為。恭敬、適宜，使美德廣博而不狹窄。六二爻所說的直方大，不習无不利，即是對自己的所作所為，不必疑慮。

不習的反面，便是到處學習。由於不能慎選學習對象和內容，居然認為「新奇的便是好的」、「試一試也無妨」，加上自己的主管也求新求變而加以讚賞。於是變本加厲，忘記了「地道无成有終」的道理，緊接著不知括囊，終於逼使自己由極好轉成極壞。乾脆一不做二不休，那就更加沒有救藥，只有走上陰謀劫弒的窮途末路，自取其咎。

用六，利永貞。看起來十分簡單，實際上坤卦六爻皆陰，每一爻都應該記取這一個法則，才能持之以恆，真誠有效。任何一爻不能長久保持合理的貞操，都將引起內心的矛盾、衝突，甚至於產生受辱的感覺而憤怒，懷恨。這時候倘若不能及時加以調適，恐怕就會不幸而變節了。

上六 ⚋ 龍戰：造反不成總比不造反來得有骨氣。

六五 ⚋ 黃裳：穿著黃裳準備陰謀劫弒。

六四 ⚋ 括囊：利用知道的機密營私舞弊。

六三 ⚋ 含章：認為裝功成不居更能取得賞識。

六二 ⚋ 不習：到處學習認為新的便是好的。

初六 ⚋ 履霜：用腳踢開，毫不在意，並無警覺。

最好 → 最壞

我們的建議

1 坤下比較容易做到，坤上更難以實現。六三多凶，六四多懼，必須特別謹慎小心。初六履霜造成上六的龍戰于野，往往是始料不及的事情，最好提高自己的警覺性。

2 天生自然的率直、方正、大肚量，才真誠可愛。後天學習而來的，不是徒有形式、只做表面，便是存心不良，另有企圖。這兩者的差別，必須用心明辨，以免以假亂真，掉入虛情假意的陷阱，而難以自拔，悔之晚矣！

3 「聽聽看，沒有關係」，對定力夠的人士，當然是對的。但是一般人定力不足，又喜歡求新求變。往往聽到新奇的言論，就認為是好的。提醒自己：判斷力不足，最好不要亂聽亂學。年少慎擇師，千萬不要開自己的玩笑。

4 口風緊，不隨便傳播所知道的訊息。說起來容易。做得到的人並不多。一不小心，便利用當做廣播電台。當訊息愈來愈多的時候，必須提高警覺，是不是被利用了？

5 位置愈高，愈擔心跌得更重。穿著黃裳，表示已經不能亂動。稍有不慎，必將跌得頭破血流。一生的奮鬥，到了這樣的地位，最好適可而止，知足常樂。以免晚節不保，還要遺害子孫。

6 龍戰于野，是履霜時想像不到的可怕結果。那時候年少無知，再怎麼樣也想不出堅冰至是陰轉陽的同義詞。讀了坤卦，應該有深一層的體會，對自己的言行有助益。

第八章　乾坤為什麼要合起來看？

易經的第一卦，應該是乾坤兩卦。
因為易學的門太大，必須分成兩扇。
初九和初六，都是準備好才能行動。
九二和六二，所處環境比較有影響。
九三和六三，都是人道的開始。
慎防遭受各方面打擊，最好謹慎小心。
九四和六四，多懼又容易造成禍患。
最好以保守秘密來待機向上跳躍。
九五和六五，都已經來到人間的頂點。
必須適可而止，保持謙虛和適度關懷。
極陽成陰，而極陰也會成陽。
亢龍不容挑戰，勢必兩敗俱傷。

一、易的大門共有乾坤兩扇

繫辭上傳記載：乾坤其易之縕邪？乾坤成列，而易立乎其中矣！縕字和蘊相通，表示易學所蘊含的精隨，即為乾坤。成列是對待排列的意思，好比兩扇大門，並列在一起。易學的門戶太大，單扇不敷使用，所以乾坤兩扇大門並列在一起。易經的六十四卦變化，都確立在其中了。

我們說乾卦是易經的第一卦，似乎應該有所修正。乾坤都是易經的第一卦，好像更加符合實際情況。

繫辭上傳接著說：乾坤毀，則旡以見易。乾坤這兩扇門，只要毀掉其中一扇，易理就說不通，易學便不見了。

陰陽是一體的兩面，乾卦象徵陽、坤卦代表陰，缺一不可。陰陽不可分，所以是一。陰陽各有特性，因此又可看成二。這種正反兩面合成的一元，我們特別把它稱為「一之多元」。既不是「一元」，也不是「多元」。

說乾坤是一個大門，卻又分成乾坤兩扇。大門分成左右兩扇，即為乾坤並列，所有生命都在其中活動。

乾坤代表正反兩向，這正反兩向，又各有正反。正的正反，表現為乾健坤順；而反的正反，表現出陽善陰惡。只有乾的陽剛，可能變成剛愎自用。完全採取坤的柔順，很可能消極，萎靡不振、陰謀劫弒。

我們讀易經，最好把乾坤兩卦並列、互相對照，彼此互動。以免顧此失彼，滋生弊端。有智慧的人，凡事合起來看，不分開來想。從乾坤兩扇大門著手，多加體會。

易寓
乾
坤

二、地道二爻都在練基本功

看到初九爻辭：潛龍勿用。就真的潛伏下來，什麼事情也不做，根本違背自強不息的乾德，不配稱為龍。

勿用是暫時勿用，不可能長久不用。不用不用，還是要用。這時候當龍不成，不如學學牝馬。初六爻辭：履霜堅冰至。不難醒悟勿用的真正意思，是謀定而後動。做好準備工作，預先把各種相關計畫訂好，所需要的器物搜尋齊全，最好沙盤推演，看看是不是真的有把握？以高度的警覺性，伺機而動。初九和初六二爻，都是準備功夫。必須確實、穩固、堅牢，打好一生的事業基礎，馬虎不得。

初九和初六，都還在地面下，尚未展現實力。九二和六二，居於地道上爻，逐漸展露自己的實力。九二爻辭：見龍在田，利見大人。九二不當位，需要九三（頂頭上司）和九五（機構首長）的賞識和提拔，所以說利見大人。六二當位，表示所處的環境，比九二好得多。六二爻辭：直方大，不習无不利。只要秉持率直、方正、大肚量、不染惡習，即不致不利。但是，這是牝馬的行事風格，畢竟和龍不同。自己想一想，要成龍還是要做馬？若是想成龍，謹憑直方大是不夠的，必須進一步率直而不失妥當，方正卻能夠圓通、大肚量還得以堅持正道，才有成龍的可能。設想不能獲得上級的賞識和提拔，又當如何？這才是自強不息的精神。無論如何，把基本功練好，不斷充實自己，加強品德修養。在進入人道之前，深入瞭解人性，明白倫理，改善人際關係，以便在職場中好好修養自己的德行。

乾 （龍）		坤 （馬）
九二：見龍在田，利見大人。 初九：潛龍勿用。		六二：直方大，不習无不利。 初六：履霜堅冰至。
（優先） （做龍不成）	→	（兼顧） （先把馬做好）

三、人道二爻充滿險惡戒懼

乾卦用龍，坤卦用馬。影響所及，我們十分重視龍馬精神。真正的用意，應該是各人衡量，到底是龍還是馬？倘若人人都是龍，滿天騰飛，地上的工作誰來承擔？望子成龍，固然是父母的寄望，屬於人之常情。然而面對現實，仍然要守份。是龍就扮演好龍的角色，否則安心做馬，又有什麼不好？地道的龍，其實和馬差不多。進入人道，可就要拉開距離。九三當位，爻辭說：「惕。」得到好機會，佔著好位置，再不加強警惕，怎麼對得起自己？六三不當位，爻辭說「含章。」盡量表現內在美，不要爭名奪利，才能保平安。這時龍和馬的處境顯然不一樣。乾下坤下龍和馬的功能，相去不遠。千里馬飛奔起來，和龍一樣神氣。然而乾上坤上，天地之間的距離逐漸加大，龍和馬的功能，也將有很大的差異。

九四爻辭：「躍。」六四爻辭：「括囊。」差別有多大，一看便知。九四不當位，卻由於九三的高度警惕，做好萬全準備，就算不能一躍而登上龍門，掉入深淵，仍然有備位的機會，所以无咎，也就是不致有什麼差錯。

六四爻辭，明白指出括囊或不能括囊，後果相去很遠。括囊才能无咎，卻仍然无譽。若是不能括囊，恐怕不但咎由自取，而且還有受冷落、被改調的不幸後果。六四當位，卻由於上陰下陰，重陰固結，能跑就不錯了，哪裡敢躍？人道充滿凶險和戒懼，龍比較容易翻身，馬就困難重重了。這時候不安份恐怕也不行，請以平常心看待龍和馬。

乾 （龍）	坤 （馬）
九四：或躍在淵，无咎。	六四：括囊，无咎，无譽。
九三：君子終日乾乾， 夕惕若，厲，无咎。	六三：含章可貞。 或從王事，无成有終。
（是龍就飛躍）	**（是馬請安份）**

平常心看待

四、天道二爻慎防過與不及

到了天道，龍和馬的差別更大，簡直不可同日而語。馬若是飛到天空中，大家一定認為是龍，想當馬也不成。龍若是戰敗，墜落在地面，就算苦苦哀求，想要做馬，大家也會不同意，無論如何，不把牠當做馬看待。

九五當位，飛龍在天，能興雲施雨。我們把九五之尊，當做天子的位置，擁有很大的權勢。一般人不容易見到，他也不應該接見普通的人。利見大人的意思，是接近有作為的真龍，尋找可靠的接班人。

六五不當位，黃裳元吉。表示只有協調權而沒有最後裁決權。就算協調權也是首長給的，隨時可以收回。最好不要功高震主，以免遭受罷職，甚至於性命難保。

同樣居高位，為什麼差這麼遠？愈是高階幹部，才愈明白老板是惟一握有生殺大權的人。龍和馬，在地面上差不多，有時候馬還可以跑得快一些。特別是龍被困住的時候。倘若飛上高空，馬就只有抬頭仰望的份了。

上九亢龍有悔，下場很難看。想討饒也沒有人理會，想回頭做馬也做不成。上六龍戰于野，其血玄黃，結局更為悽慘。明明是馬，卻被當做龍來打鬥，尤其是在高空中，當然只有挨打的份。流血不住，是必然的後果。

亢龍有悔，龍戰于野，都是太過頭的表現，所帶來的禍害。初九和初六可能產生不及的現象，以致有良好機會也不敢把握。上九和上六則是太過份了，做過了頭。我們不喜歡過與不及，也大多不敢過與不及，應該是寶貴的教訓。

乾
（龍）

上九：亢龍有悔。
九五：飛龍在天，利見大人。

（適可而止）
（過亢即有悔）

坤
（馬）

上六：龍戰于野，其血玄黃。
六五：黃裳元吉。

（知足常樂）
（過份便流血）

五、初至六爻各有不同特性

繫辭下傳說：六爻相雜，唯其時物也。意思是每一卦的六爻相互錯雜，都在反映特定的時宜和物象。

接著說：其初難知，其上易知，本末也。初辭擬之，卒成之終。說明其中初爻的意義比較難於知曉，上爻的意義較為明白，因為初爻反映的，是事物的根本；而上爻反映的，是事物的末端。初爻的爻辭比擬事物的起始，最後完成於終結的上爻。初難知，上易知，各卦大致相似。

乾卦初九和坤卦初六，顯示是龍是馬？是龍現不現得出來？是馬能不能不染惡習？剛開始很難看得出來。一個剛出社會的年輕人，這一生有什麼樣的成就，恐怕有待他自己的努力奮鬥，並不能一下子就加以測定。

乾卦上九和坤卦上六，明白表現有悔和龍戰，都是兩敗俱傷的結局，十分清楚地告訴我們：凡事適可而止。

各卦的中間四爻，大致上是二多譽，四多懼，而三多凶，五多功。二、四爻具有陰柔的功能，二爻居下卦之中，所以多有稱譽。四爻靠近五爻，因此多懼。三、五爻具有陽剛的功能，五爻居上卦之中，所以歸功於他。三爻相當於上卦的初爻，剛剛開始進入新的境界，因此多凶。

乾卦九二見龍，坤卦六二不習，都能獲得美譽。九四或躍在淵，六四括囊，雖然都能无咎，却實在多懼。

乾卦九五飛龍，坤卦六五黃裳，顯然多功。九三日夜警惕，六三含章无成有終，當然多凶。同樣是三、五爻，陽剛的爻常勝任而獲得吉祥，陰柔的爻通常將有危險。

乾		坤
上九	上易知	上六
九五	五多功	六五
九四	四多懼	六四
九三	三多凶	六三
九二	二多譽	六二
初九	初難知	初六

初、三、五爻，
陽爻居陽位，
通常較吉順。

二、四、上爻，
陰爻居陰位，
較容易避凶。

六、由動入深顯到靜代循環

前面說過，乾下初至三爻，是始（潛）壯（現）究（惕）的初基。乾上四至上爻，為始（躍）壯（飛）究（亢）的大成。若是乾上乾下連貫起來，那就成為動、入、深、顯、靜、代六大階段，代表整個過程的持續演化狀況。

乾卦初九潛龍勿用，是一種始生的狀態。潛在地下，不能靜止，一定要動才有機會出現在地面。勿用表示不能隨便亂動，卻應該伺機而動。坤卦初六履霜，也是始生的初動，否則連霜都踩不出來。始生初動，是一切的開始。

乾九二現龍，坤六二不習，進入陰陽化合的階段，稱為入。不進入地面，怎麼能夠產生陰陽化合的作用？

乾九三惕龍，坤六三含章，深刻體會人間的凶險，各種關係逐漸稠密。屬於深的階段，務必格外謹慎小心。

乾九四躍龍，坤六四括囊，已經身不由己，勢必顯現於外界的無所隱蔽。來到顯的階段，要經得起嚴格考驗。

乾九五飛龍，坤六五黃裳，應該止息固定，知足常樂。保持靜的安詳狀態，是龍是馬，都必須服老才好。

乾上九亢龍，坤上六龍戰，都進入交替更換的狀態，稱為「代」。意思是代代相傳，終於快要被取代了。

宇宙、人生、事物演變的歷程，實際上都由動開始，然後進入陰陽化合的入態。再深刻稠密，然後顯現於外。龍馬有了名氣，自然為大眾所注目，非顯不可。衝刺一段時期，到了合適的位置，最好安靜下來，以期適可而止。因為江山代有賢人，後浪必然要推前浪，有所交代就好。

乾					坤
上九	⚊	代	交替更換	⚋	上六
九五	⚊	靜	止息固定	⚋	六五
九四	⚊	顯	顯現於外	⚋	六四
九三	⚊	深	深刻稠密	⚋	六三
九二	⚊	入	陰陽化合	⚋	六二
初九	⚊	動	始生初動	⚋	初六

我們的建議

1 研究易學，最好按照易經的思惟法則。把陰陽合起來看，不要分開來說。乾坤兩卦並列，要並排在一起，合起來看。才能夠真正瞭解其中的用意，以免混淆或扭曲。

2 龍馬都很了不起，對人群社會的助益很大。望子成龍，應該包含著當好馬也不錯的概念，符合「取法乎上，得其中」的法則。不必堅持非成龍不可，才不致僵化。

3 馬飛得上天空，大家都認為是龍，根本用不著擔心。馬飛上天，即為天馬行空，和龍沒有兩樣。龍潛了許久，現在地上又沒有什麼作為。飛不上天，和馬又有什麼不同？龍可以變馬，馬也能夠變龍，全都由自己決定。

4 不放棄，也不執著。嘗試著走出第一步，不忙選擇做龍或做馬？走著走著，龍馬的分野逐漸明朗化。這時候安分守己，知足常樂，便是對己有利對社會也有益的抉擇。一開始就放棄，違背「初難知」的原則，未免自暴自棄。經過二爻、三爻，應該可以明白，好好決定。

5 龍處於二、四、上爻，由於不當位，務必格外小心。馬處在初、三、五爻，同樣不當位，也應該特別謹慎。龍馬各有難處，各有一本難唸的經，用不著羨慕別人。

6 乾為龍、坤為馬，不過是一種虛擬的假設。改以其他的事物，來模擬乾、坤各爻的變化。只要說得通，都可以嘗試。這是易學廣大的包容性，和靈活的變通性。

第九章　定乾坤為什麼十分重要？

乾坤設位，表示人有高度自主性。
可以替天地定位，也為夫婦定位。
乾坤定位，則是定位以後不能亂改。
大家遵照定位做人做事，較為妥當。
夫婦定位，對人類社會至關緊要。
影響到父子、君臣、兄弟、朋友的定位。
夫婦形體，雖然不同，精神則相同。
男女平等，不要忘記具有不同的性質。
現代婦女好不容易從舊社會解放。
最好不要忽略生育和養育子女的特性。
現代男性最好自己調整心態。
現代化乾坤，合理的定位最要緊。

一、乾天坤地產生密切關係

莊子秋水篇說：「計中國之在海內，不似稊米之在大倉乎？」中國的境城這麼廣大，在四海之內，不過像小米在大倉庫裡一樣。他推論天地在宇宙中，也和一粒小米差不多大。天地稊米，十分符合現代科學的說法。

我們普遍認定天地無私，天和地一樣，都公正無偏心。我們說天公，實際上包含地婆在內，都很公正。

為什麼天公地婆呢？因為天地判合，陰陽結合成為夫婦。所以天地乾坤，常常引申為人間的夫婦關係。

天公地道，天長地闊是正常現象，但偶爾也會天昏地暗，彷彿又回到混沌未開的無極狀態，令人心慌意亂。

夫婦最好能夠天長地久，維持良好的婚姻真情。一直到天荒地老，卻不致此恨綿綿無盡期，巴不得彼此天南地北。拉長距離，就算天崩地塌，也不覺得天旋地轉。

天涯地角，表示在天之涯，在地之角，相距十分遙遠。天清地謐，形容天地清明，國泰民安。天地良心，指出做人做事應該憑良心。天經地義，告訴我們至為公正、不能變易的常道，也就是永久不能改變的生活法則。天造地設，才是自然孕育而成的事物。天寒地凍，則是氣候酷寒。天誅地滅，大多用來對天發誓。天翻地覆，產生極大變故。天羅地網，那是防範嚴密，沒有人逃得掉。

在這麼多關係之中，我們最重視的，是夫婦關係。易學是以人為本的，而人倫的起點，便是夫婦。因為沒有夫婦，就不會有父子，不會有兄弟，也不會有君臣、朋友。

天地的多種關係

天地稊米：天地在宇宙中，有如一粒小米。
天地無私：天公、地婆都十分公正。
天地判合：天地乾坤，有如人間夫婦。
天公地道：和天長地闊一樣正常。
天長地久：夫婦百年好合。
天昏地暗：好像回到混沌未開的無極。
天荒地老：長長久久，沒有盡期。
天南地北：和天涯地角一樣遙遠。
天崩地塌：和天翻地覆一樣可怕。
天經地義：不能變易的生活法則。

以夫婦關係最為重要。

二、文王定乾坤向紂王進諫

繫辭上傳，開宗明義就說：「天尊地卑，乾坤定矣。」一放眼看去，天高高在上，人必須仰首對空觀看，顯得很尊嚴。地被我們踩在腳下，看起來很卑微，卻十分實在。乾上坤下，天和地的位置，自然形成，不是人所能定的。

相傳卦辭由周文王訂定，我們最好站在文王當時的情境，來加以理解、體會。那時候的天下，由商朝的紂王統治。

紂王好大喜功，力大無窮。貪圖享受，又生性殘暴。想出許多令人髮指的可怕刑罰，企圖以強大的暴力控制。他聽說姬昌（後來的文王）很賢明，又得民心。覺得十分不安，找一個莫須有的理由，把姬昌關在羑里，長達七年。姬昌的大兒子伯邑考向紂王求情，卻被紂王最寵愛的絕色美人妲己看上，要求紂王留下來。伺機色誘，被伯邑考罵為無恥，因而惱羞成怒，反告伯邑考欺負她。紂王下令把伯邑考剁成肉醬，煮成肉羹，送給姬昌食用。

在這種情況下，姬昌雖然悲痛憤怒，也不敢輕舉妄動。他在獄中，藉著寫易經的卦辭，想趁機諫告紂王。因為他知道自己的一舉一動，必然有人向紂王報告。若是將所作卦辭呈給紂王觀看，或許可以收到一些效果。

天尊地卑，乾坤定矣。是後人揣摩文王當時的心情，有感於紂王寵愛妲己，夫婦這一倫不正常，才弄得天下大亂，人心惶恐。倘若乾坤定位，恢復母儀天下的功能，天下自然太平。他言不由衷，實在有說不得的難處。這才借題發揮，希望有機會促使紂王回心轉意，挽救黎民百姓。

商紂王暴虐無道，
寵愛妲己，逼害忠良。

↑

假借寫卦辭，定乾坤提出忠諫。
天尊地卑，夫婦倫常不可失，隱含妲己為非作歹。

姬昌（周文王）被囚禁在羑里七年。

三、由天地設位到乾坤定位

繫辭上傳提出「天地設位」的概念，說：「天地設位，而『易』行乎其中矣。」意思是天高地卑的地位，是可以由人來設定的。一旦訂定下來，易經的道理，就運行於天地之中了。實際上文王的後天八卦，和先天八卦比較起來，乾坤的位置並不一樣。然而設位時，能夠自主。定位之後，便不能改來改去，以免引起大家的困惑和懷疑。

乾坤定位，被引申為夫婦之道。往昔的時代，女子接受文字教育的機會，遠比男子要少得可憐。女子的謀生能力既不如男子，出外就職的可能性很低，只好擔任家庭勞務，成為專職的家庭主婦。再加上易傳所說「天尊地卑」，被曲解為男尊女卑，造成兩性的不平等。因此夫婦的定位，確實有很多不合理的地方。現代智識普及，男女接受教育的機會均等，至少不相上下。男女兩性同在社會上從事各種職業，共同為社會人群造福。男女平等，應該成為現代社會的共識。舊日的乾道（為夫之道）和坤道（為婦之道），實在不應該再持續分開來看，而應合起來想。

我們認為：易經的智慧，必須合起來想，不應該分開來看。可見長期以來，由於種種不良因素的阻礙。我們把乾，坤兩卦看得不夠深入，也不夠透澈，才產生種種扭曲與誤解，造成乾坤錯亂，始終不能走上正道。

當前人類的問題，固然有很多原因。根本所在，則在乾坤不正，夫婦關係有失正常。連帶著父子、君臣、兄弟、朋友都出了問題。人類要自救，請從端正夫婦關係著手。

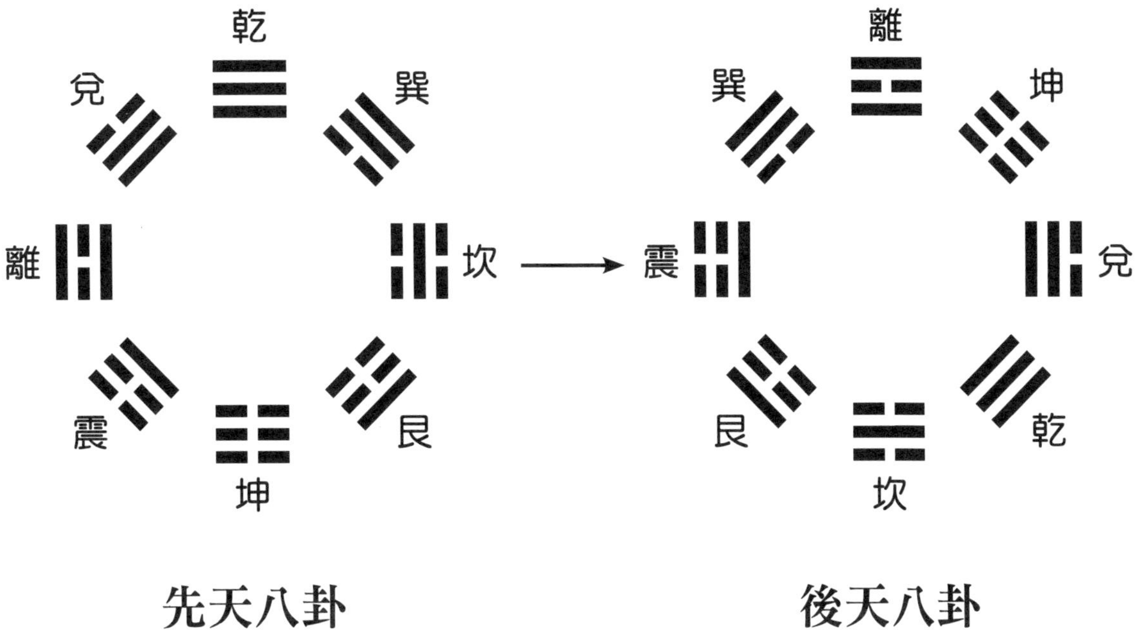
乾
兌
巽
離
坎
震
艮
坤
先天八卦
離
巽
坤
震
兌
艮
乾
坎
後天八卦

四、夫婦形體雖殊精神相同

理想的乾坤關係，應該是繫辭上傳所說：「乾知大始，坤作成物。」大始便是太始，也就是最初創始的意思。知和作，都是作為，乾的作為是開始創造萬物，坤的作為在孕育生成萬物。天地的形體雖然不同，為萬物提供最佳的服務，則是共同的理想和精神。有天沒有地，萬物無法生成。有地沒有天，萬物無從創造。必須天地合作，萬物才有創生的可能。夫婦也是如此，男女不但生理上有所不同，心理上也有相當差異。一般來說，女性的感情，比男性要純潔，更容易率直坦白地表現真正的內心。中學生時代，不但男女有不一樣的性徵，而且興趣也不相同。男生比較喜歡抽象的思慮、哲學的認知。女生更為重視實際生活的需要，透過直接與生活有關的事例，來從事理論性的思索，比較容易引起女生的興趣。學校不分男生、女生，採用共同的課本，考試時也用一致的命題，基本上違背乾坤的自然法則，十分不合理。難怪教出來的學生，男不男，女不女，變成不男不女的中性人，造成很大的問題。

男女享有平等的權利，這是天經地義的事情。好比天地，同等受到人類的敬愛和尊重。我們說天，必然含有地在內。謝天謝地，更是異口同聲的共通話語。

然而，男女性質不同，有如天地的功能不一樣，也是不爭的事實，不容任何人加以忽視，更無法任意否定。男女同權不同質，才是我們研究夫婦之道的共同起點。從夫婦形體不同但精神相同，來尋找建立夫婦之道，最為合理。

乾知大始，坤作成物。

天地的形體不同，功能不一樣。
為人類服務，為萬物造福，卻是一致的精神。

↓

男女平權，卻不同質。

夫婦在生理上，心理都有差異。
共同為家庭分工合作，精神上必須一致。

五、現代婦女所處特殊環境

現代婦女，由於長久被輕視，從男尊女卑的不平等待遇中，被解放出來。現代人不分男女，相信對這種不平等而趨於平等的改變，都十分歡迎，認為理應如此。

職業婦女漸漸增多，對於生育子女、教育子女，產生很大的衝擊。有很多已婚女性，由於害怕妨礙工作，設法不生育子女。往昔提倡婦女解放運動的人，只不過主張婦女應該擁有工作權利。現代女權運動者，更把重點擺在男女就業平等上面，實在違反了自然法則。因為女性能生男育女，而男性想生也生不出來。女性為了職業不生孩子，先決條件必須是男性也能夠生男育女。否則，男性不能生育，女性不願意生育。雖然說現代人口眾多，似乎不在乎。實際上不用多久，便人口老化，而兒童大幅度減少。先是小學減班，然後中學減少班級，繼而大學招不滿學生。那時候再著急，再設法挽救，恐怕也來不及了。

有愛心的婦女，排除萬難生男育女，也往往忽略子女的教育。美其名為早期教育，提前把子女送給專家教導。實際上最重要的幼兒教育，則是家庭中雙親所給予的教養。特別是母親陪著孩子長大，對子女的人格發展，至關重要。現代父母上班工作，子女委託上一代的祖父母教導，往往過份溺愛而成嬌生慣養的小霸王、小妖女。將來長大成人，產生什麼樣的社會效應，大家心知肚明。

現代婦女最好明白男女同權不同質的道理，對生育子女、教養子女的天職，多費一些心，也多盡一點力。

男女同權	卻不同質
工作機會平等， 就業能力平等。	女性能生男育女， 男性想生也生不出來。
男女都有工作收入， 賺錢帶來快樂和滿足。	母親無法用金錢和時間， 來衡量自己的神聖任務。
父母都可以教養子女。	幼兒特別需要媽媽。 父親無法餵食母奶。

六、現代男性也要調整心態

往昔大家庭生活，男性受到特別的保護。可以放心地和自己年紀稍長的童養媳結婚生子，仍然得以維持一家之長的地位和尊嚴。當時女性所受文字教育不多，僅能操作家庭勞務。對外界所知有限，又不方便拋頭露面，以免引人非議。在這種情況，加上家中財產大多傳子不傳女。甚至於技藝、武術，也是如此。享受男尊女卑，倡行男主外，女主內原則，應該是正常心態，成為社會的風氣。

現代男女平等觀念，已經深入人心。奉為國家政策，明訂法律施行。男性既未受到特別保護，又因應現實生活的需要，普遍由兩個年輕人自組小家庭。新郎的年齡，就算稍長於新娘。由於女性成熟較早，以致小家庭中，表面上丈夫和妻子相敬如賓，互相尊重。實際上大多以女性為主，男性不得不俯首稱臣，自嘲怕太太的才是大丈夫。

往昔以男性為主，高喊男不與女鬥，具有保護婦女的作用。現代女性，沿用這種法則，反過來治理男性。晚近更加上一項「性騷擾」的帽子，隨時可以加諸男性身上。女性隨便擁抱男性，伸手就拍，順手便撫，男性若是大叫性騷擾，恐怕也會傳為笑話。乾綱不振，是現代男性必須深切反省的課題。從幼稚園開始，一直到小學，老師大部分都是女性，現代又實施男女同校，對男性的成長，構成極大的威脅。柔性化、女性化，簡直沒有男人的氣概。學校重視考試，男生成績比不上女生。種種因素，對男性都十分不利。再不爭氣，未來的男人想成為什麼樣的人呢！

往昔	→	現代
重男輕女。		男女平等。
男性受到特別保護。		女性格外受尊重。
大家庭對男性有利。		小家庭大多以女性為主。
男不與女鬥， 重點在保護女性。		男不與女鬥， 方便女性整治男性。
男人有氣慨， 女人善溫柔。		男人女性化，柔性化， 女人可柔可剛。
不合理的男女關係。		不正常的男女關係。

我們的建議

1 天地的關係至為密切，彼此根本不能分開。有天沒有地，有地沒有天，都不能發生應有的功能。對萬物的生長非常不利，簡直沒有創造、生長、發展的機會。

2 乾坤定位，由乾坤設位著手。表示乾坤必須定位，但是怎樣定位？是可以商量，並且應該好好商量，才來決定。然而，決定之後，大家就要欣然接受，不能胡亂加以改變。以免天崩地裂，弄得天昏地暗，造成不幸的禍患。

3 乾坤定位引申為夫婦、父子、兄弟、君臣、朋友，都必須正常配合。否則勢必引起爭執、衝突，甚至於彼此傷害。其中夫婦關係，特別重要。必須妥善面對，以求家和萬事興。由夫婦而影響及於其他關係，幾乎難以避免。

4 夫婦雖然形體不同，但是對於家庭的觀念，最好取得一致。男女應該平等，然而彼此性質不同，也不宜忽視。同權不同質，雙方都要冷靜地互相瞭解，力求謀和。

5 往昔重男輕女，對女性很不公平。現代男女平等，雙方都應該調整心態。女性不能忽視生育和養育子女的天職，男性也不能把這種責任完全交給女性，只做旁觀者。

6 現代盛行小家庭，對女性十分有利。男不與女鬥，現代化的意義，是丈夫根本鬥不過妻子。面對這種現代化的不平等，男人應該特別爭氣。更要像個男人，才活得有意義，有價值。

第十章　乾坤不正帶來什麼惡果？

乾坤不正，造成婚姻危機。
離婚率節節上升，大家都痛苦。
家庭不安寧，子女最無辜。
父子、君臣、兄弟、朋友的關係都受害。
夫婦之道，有五大基本守則。
仔細研究，搞清楚還要真實踐。
雙方堅守貞操，才是最堅實的基礎。
愛情持久，家庭穩固，社會安寧得以實現。
夫婦有常態，也可以出現特例。
但是低調一點較好，不宜過份招搖。

一、乾坤不正造成婚姻危機

只戀愛不結婚，乾坤互動，卻不生長萬物。虛有其表，缺乏實質的貢獻。結婚卻不肯生育，也是美中不足。女人懷孕生子，有關係的男人不知去向，或者互不相認，不能算是婚姻。一對夫妻尚未生育子女，只能稱為一對，還不能夠成為家庭。結婚和家庭成為社會制度以後，隨著各地各族有所不同的文化，演化成若干不同的類型。古今中外都有家庭的制度，卻彼此不完全相同。現代社會，在這些不同制度之中，出現了一個共同的不幸現象：離婚率高漲。

把結婚視同兒戲，居然合則留不合則去。有錢時趕快離婚，趁著錢還在的時候，多分幾個。沒有錢時果然貧賤夫妻百事哀，乾脆分手各搞各的。說不定時來運轉，有機會另組家庭。有些人存心騎著驢找馬，先抵擋一番，再另謀計策。有些人只有生物性的需求，並沒有親情和倫理。但求性的滿足，不知道家庭的可貴。有些人認為子女既然不能防老、養老，生育子女又有何用？乾脆不生也罷。

沒有子女，對婚姻反而少了一種保障。由「相看兩不厭」，忽然變成「雌雄不兩立。」若是協調不成，婚姻就破裂了。

婚姻要為家人提供能夠禦寒暑、避風雨、休養身心、享受感情、增進瞭解、互相協助的安全場所。好比天地互動，創造出萬物生長的有利空間。然而現代家庭，經常出現鬥氣、吵嘴、打架、傷心、哭泣、酗酒、舞會、唱卡拉OK，以及其他有損精神與道德的情況。究其原因，大多出於乾坤不正，造成婚姻危機，所衍生的不良現象。

乾坤不正 →	婚姻危機
只戀愛不結婚。	對婚姻不負責任。
結婚卻不生育。	對婚姻少一份保障。
不遵照當地禮俗。	離婚率節節升高。
把婚姻視同兒戲。	不高興就分手。
家庭不能提供正常生活。	對婚姻缺乏信心。
不知道家庭的可貴。	認為婚姻是一種束縛。

二、夫婦不正後遺症很嚴重

易經的道理，以家庭為核心。視乾、坤為父母，而坎、離、震、巽、艮、兌為子女，共同組成一個美滿家庭。家庭美滿，才顯得有價值。家人團聚，不但要有時間，而且要求質量並重。彼此交心，萬不能貌合神離，甚至各懷鬼胎。這樣的形式，完全是自欺欺人，並無實際的功效。

我們一天二十四小時，工作八小時，睡眠八小時，所剩八小時，用以張羅食衣住行等雜務，已經忙不過來。若要撥出時間，與家人交心共聚。除非確實認為家庭十分可貴，否則經常找出各種藉口，不參與也不關心。弄得聚少離多，而在短暫的聚集期間，爭吵鬥氣，實在家不像家。

家庭不安寧，父母、兄弟、夫婦之間的關係，趨於緊張。連帶影響及於職場中的上司與部屬，以及同事之間的運作。最後把朋友也得罪光了，自己也不知何以自處？

乾、坤不能定位，坎、離、震、巽、艮、兌也跟著亂了套。夫婦之道失序，家庭教育跟著失常。父母貽害子女，拖累社會，子女不自食其力，拖累父母。這樣的父母子女，在職場中工作，不用心也不忠誠，自是意料中事。

片面否定往昔的父母之命，媒灼之言，又不講究門當戶對。自己缺乏擇偶的能力，寧可交由電腦來配對。中西情人節都要過，一夜情盛行。就算結成夫婦，對男主外，女主內爭論不休。家事由誰決定？也各有堅持。夫婦都自認為是龍，過份自我膨脹，造成兩條亢龍劇烈抗爭。不是其血玄黃，互相控告傷害。便是宣告分手，離婚收場。

家庭不安寧 →	後遺症很嚴重
夫婦不和。	上班也沒有好心情。
父母鬧意見。	子女聽誰的？
不重視家庭教育。	全家人都倒霉。
父母離異。	子女最無辜。
不接受父母之命。	自己又不會擇偶。
不聽取媒灼之言。	還不是要找婚姻介紹所。
不講究門當戶對。	婚後才覺得上當。
夫婦都自以為了不起。	龍戰于野，勢必其血玄黃。

三、夫婦之道五大基本要則

首先，要認清男女有別，無法加以否定。

男人在打獵上具有比女人更多的智慧或機智；女人在撫養幼小子女上具有遠遠高於男人的愛心、耐心和技巧。男女在本質上就算相同，但是人類的歷史，促使男女在後天各自向不同的領域發展，已經久遠得成了習慣。

其次，要認清夫婦分工，能促進愉快的生活。

無論大小社會，人過著群體的生活，必須有適當的分工。在家庭中，夫婦可以依據各自的清況與特殊條件，做出恰如其份的角色分配。彼此分工合作，生活得更加愉快。男主外女主內，不過是通例，也可以產生不一樣的特例。

第三，雙方都承認並順應各自不同的特性。

男剛女柔，生理與心理都是如此。妻在夫的懷抱比較自然，也最能夠舒暢兩人的感情。反過來夫在妻的懷抱中，非常不自然。若是在公開場合，更令人作嘔難過。

第四，雙方共同減少意見上的隔閡，加強溝通。

夫婦各有不同成長背景，難免有很多不一樣的觀點。最好加強溝通，以建立共識。至少也要減少意見上的隔閡，以免造成感情上的衝突。務求形體雖殊，而精神合一。

第五，雙方都應該多貢獻、多包容、多諒解。

既然結為夫婦，各有貢獻的義務，也各有要求的權利。不妨多由自己做出貢獻，少要求另一半如何如何。多包容另一半的缺失，鼓勵其不斷求取進步。多諒解另一半的不足，彼此安慰，只要盡心盡力，不需要懷有歉意。

夫婦五大基本守則

- 男女有別，要深切體會。
- 夫婦分工，要符合實際。
- 不同特性，應彼此尊重。
- 加強溝通，以減少隔閡。
- 多做貢獻，多包容諒解。

還需要具備，堅實的基礎。

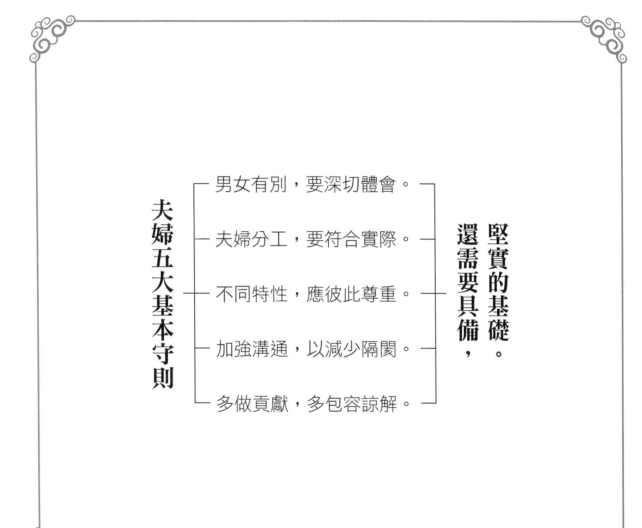

四、最要緊是雙方堅守貞操

前面所說的五大守則，必須建立在一個堅實的基礎上面，否則多說無益。那就是愛情專一，雙方堅守貞操。

乾卦開頭便說：元、亨、利、貞。坤卦卦辭也明白指出：元、亨，利牝馬之貞。都以「貞」來測試能不能「貞下起元」，以求循環往復，生生不息。若是不貞，就難以貞下起元，很可能因此中斷，或衍生變故。

真正幸福的人，不論男女，不但一生只戀愛一次，而且婚姻的對象，恰巧就是所戀愛的這一個人。

現代人所說的戀愛，是指當時發生的感情。基本上不應該有這樣的念頭，以免害人也害己。世界上祇有男人和女人兩種性別，而男性和女性又非結合不可。除非心理認定互相結合才有幸福，否則不能算做戀愛。

這種觀念，必須由母親在女兒尚幼的時候，便親自傳授給她。告訴她戀愛並不是遊戲，而結婚則是男女之間的永久關係。如果心裡認為這是戀愛，便要連帶想到由戀愛而結婚，人生只能一次，才是真正的幸福。

現代社會，各式各樣誘惑太多。不論男女，心靈又都十分脆弱，實際上很少人能夠做到這樣理想的地步。

大家對現代教育瀕於破產而憂心嘆息，真正的原因，在雙親忽視了自己應有的責任。因為子女的教育，必須一夫一婦的關係健全，才有可能正常。夫妻各自堅守貞操，對子女教育以及整個社會，產生十分重大的影響。也是夫妻相處、愛情持久、家庭穩固、社會安寧的最大保障。

往昔只求女性守貞操 →	現代要求男女都要堅守
把天高地卑曲解為男高女卑。	男女平等，只不過性質不一樣。
將乾卦視為易經的第一卦。	乾、坤兩卦並列，都是第一卦。
片面要求婦女堅守貞操。	要求男女雙方都堅守貞操。
夫受妻尊重，夫是妻的頭。	夫妻彼此尊重，互相協助。
夫有特權，並且不合情理地濫用。	雙方都沒有特權。
以凌辱妻子為洩憤，出氣的手段。	男女都不能施行家庭暴力。

雙方堅守貞操是最堅強的健全基礎

五、夫婦有常態也能有特例

原始及古老的農業社會中，絕大多數的家庭，以夫或父為獵食或生產食物的當事人。所需要的體力與勇敢，並非一般婦女所能忍受。所以自古迄今，夫妻並立時，最好是男高女低，表示找到一位值得仰望，可以依靠的丈夫。

現代社會，新娘比新郎高，大家也不會排斥。反正人人自作自受，我們尊重每一個人的選擇。但是，通例和特例最好分清楚。儘量遵循通例，免得經不起眾人的議論，致使自己承受不了，而有所變卦。嫁給一位社會地位不如自己的丈夫，弄得不願意公開和他走在一起。遇到朋友或同事，也不情願好好介紹，豈不是自找麻煩、自尋苦惱？

要造成特殊的案例，必須格外謹慎，多方面深入考慮，然後才做出決定。一旦做成定案，便要堅持下去，才叫做合理的操守。而且心理上要有充分準備，既然是特例，就不要招搖。以免引起大家的議論，造成社會的不安。

常態是一男一女結婚，現代也出現兩個男人，或兩個女人要求合法結婚。法律許可，並不表示大眾都會歡迎。屬於特例的夫婦，最好保持低調，盡量少惹人注意，這是我們對特例的特殊要求。希望這些特例人士，不要到處招搖，好像非把特殊情況變成常態，才能滿足。那就是破壞社會秩序，妨害人類生生不息的害群之馬。必然自作孽，不可活，很快就會產生不良的後果。尊重常態，是少數特例夫婦，應該具備的修養。父母都十分擔心，對子女產生不正常的影響。不得不對這些特例，提出嚴厲的批評。

常態夫婦	V.S.	特例夫婦
一男一女結為夫婦。		兩個男人或兩個女人結婚。
新郎長得比新娘高。		新娘比新郎長得高。
夫的社會地位較高。		妻的社會地位較高。
夫負起養家的責任。		妻負起養家的責任。
夫剛健而妻溫柔。		妻強悍而夫軟弱。
妻能相夫教子。		夫為家庭煮夫。

特例可以，不要極力想把它變成通例。

六、人類要自救從夫婦開始

夫婦都有十分強烈的男女平等意識，以致過份重視應有的權利，反而忽略了應盡的責任。男性尚未完全去除長久以來即有的男尊女卑的觀念，往往認為與妻子分擔家務事，有損於人格尊嚴。女性則認為先天生理上一切男人都不能做的事情之外，都必須男女平等。雙方互爭權利，而又互推責任，以致家庭缺乏幸福，子女成為不幸的被犧牲者。人類想要自救，最好首先端正夫婦之道。從倫理救起，然後擴展及於事業及環境，應該更為實際有效。

中華民族向來十分重視貞操，確是幸福婚姻最為有力的支撐。夫婦各守貞操，沒有第三者介入，縱使有時各執一見，互爭權利或互推責任，也比較容易獲得諒解，不致引起重大的衝突。現代化的貞操觀念，應該由往昔的單方面，修正為男女雙方面，更加符合乾、坤的原始精神。而且可以將過去無限期的貞操，必須從一而終，放寬為在婚姻關係存在的期間內，不得移情別戀。但是，坤卦的利牝馬之貞，仍然是現代女性必要的修養。否則一味要求男女平等，並不重視男女有別，依然是婚姻的主要障礙。

男孩子太不爭氣，是現代女性的遺憾。女孩子太不溫柔，顯得並不可愛，則是現代男性的共同感覺。彼此先各自反省，好好修治自己，應該是夫婦之道返回正常化的重大功課。將來再把易經的咸（䷞）卦和恆（䷟）卦，好好研究一番，從男女的感情，到夫婦的恆久，都做出合理的安排。那就是易學現代化的最佳表現，有利於全體人類了。

男性重視男女平等	V.S.	**女性重視男女平等**
男女平等，仍然有別。		除了生男育女以外，沒有差別。
家事可以幫忙，仍應以女性為主。		沒有幫忙，只有分擔。
請女性溫柔一些，更加可愛。		請男性爭氣一些， 女性才不用這麼辛苦。
男性是龍。		女性並非完全是馬。

互爭權利，互推責任，人類的未來實在令人擔憂！

我們的建議

1 往昔誤解了天尊地卑的真義，扭曲成為男尊女卑，使女性委屈了這麼久。現代主張男女平等，才合乎易學的原意。尊卑是形體不同，並不是價值有高低。男女同權不同質，成為現代夫婦之道的共識。不應該再分開來說什麼乾道、坤道，都應該合起來看，共同研究乾坤之道。

2 離婚率節節升高，是現代人類十分可怕的危機。夫婦不能同心協力，家庭教育必然敗壞。社會風氣不良，各種為非作歹、破壞環境、浪費資源的弊病，接踵著發生。

3 中華民族原本重義務而輕權利，而且施恩不望報。現代人反而爭權利而推責任，捐助巨款必然趁機大做廣告。夫婦同居卻不一定同心，分工也未必協力。最好各自反省，先求自覺、自律，再尋求建立共識，比較有效。

4 夫婦雙方，都可以要求愛情專一，貞操堅定。也同等擁有適當妒忌的權利，避免捕風捉影、疑神疑鬼，弄得彼此都不安寧。婚前種種，婚後不宜再提，免生枝節。

5 夫婦最好保持正常的狀態，若是有必要建立特例、必須事先深入考慮。決定之後，即應持久不改變。並且保持低調，不應該到處招搖，想以特例來影響通例常態。

6 男性的剛健，女性的溫柔，必須從小在家庭中養成。父母分別扮演子女的生活教練，經常聚集在一起觀摩學習。這些都需要時間，哪裡還有多餘的吵嘴、打架呢？

結語

夫婦之道，是當今社會重大的課題。由於相當敏感，很不容易切入。我們不是愛說、敢說，而是不得不才說。能不說，我們就不會說。實在沒有辦法、躲避不掉，才這樣說：事態已經十分嚴重，不容得大家不重視。

乾坤是易經的大門，夫婦是人類生活的大門。進入乾坤大門，易理自然逐一顯現。進入夫婦大門，父子、君臣、兄弟、朋友等關係，才知道如何妥善安排，更為合理。

易經的道理，原本十分正當。因為貞正是易經的主要訴求。不幸由於環境的影響，歷代出現相當可怕的扭曲、錯亂、和誤解。譬如天尊地卑，基本上是形態上的不同，卻被當作尊貴和卑賤的差異來解釋，造成男尊女卑的不正當觀念。致使長期以來，婦女備受委屈、敢怒不敢言。

然而婦女解放運動，又出現長期壓抑下的反彈。加以小家庭盛行，男不與女鬥，成為女性欺侮男性的保障。男人敢怒不敢言，女人各種併發症都有。雙方表面上互相尊重，彼此禮讓。實際上各有說不出的苦衷，訴求無門。

我們把易經的第一卦，由單獨的乾卦，變成乾坤兩卦並列。同時將乾、坤放在一起，逐爻比對，在求同存異中，尋求合理的平衡點。周文王用利牝馬之貞，來忠諫紂王，規勸妲己。在當時極端不利的情況下，能夠輕輕一點，已經萬分冒險。我們用牝馬的精神，貫穿坤卦六爻，與乾卦的六龍，正好構成大家常說的龍馬精神。當龍當馬，實在沒有多大的差別。當好龍、做好馬才值得大家努力。

做男做女，都很有價值。做好男人，做好女人，才是價值的真正體現。一個家庭愈圓滿，愈能夠為夫婦安排確定一種或多種家庭身份。夫婦各自扮演好自己的角色，才是男女平權卻不同質的合理應用。現代婦女，無不盼望或盡力爭取每日有一段時間，能夠放下職場工作，和自己的幼小子女相聚一番。人性化的機構，也會為女性員工設立幼兒看護所，並且排定母親員工與其幼兒相聚的時間表。這種方式，除了可以促使員工安心工作，還能夠減少家庭破裂、兒童心理失調、青少年犯罪等社會問題。

序卦傳說：有天地然後有萬物，有萬物然後有男女，有男女然後有夫婦，有夫婦然後有父子，有父子然後有君臣，有君臣然後有上下，有上下然後禮義有所錯。

夫婦關係，既然這樣重要。我們研讀乾、坤兩卦，當然應該實際用以合理調整現有的夫婦關係。將元、亨、利、貞的貞字，當做貞操，期望男女雙方都能夠堅守，則是十分大膽的嚴格要求。不論當前的環境，大家的觀感如何？我們應該說的，絕對不避諱。這才是真正的易經精神，不應該不盡力加以發揮。

初看起來，易經好像在描述天地山川的自然變化。實際它是以人為本，中心問題放在人的行為。人原本是宇宙的一部分，人的行為若是順乎宇宙間的理就會吉，反之也就會凶。所以孔子說：「天之所助者順也。」我們明白了乾、坤的大義，最好把它應用在實際生活上面。把夫婦之道理好，再擴展出去，自然無往而不利。

接下來，我們將研討另一個令人玩味的課題「人人都不了了之。」敬請指教。

附錄 乾坤二卦象徵做人的基本修養

一、望子成龍是人之常情

天地萬物，都有其侷限性。對人類來說，尤其十分無奈。生命有限，精力有限，功能有限，成就當然也很有限。往往奮鬥一生，仍然覺得壯志未酬，而剩餘的歲月不多。因此把理想托付在子女身上，期望子女的成就在自己之上。將自己尚未完成的事情，延續下去。把已經完成的部分，發揚光大。這種望子成龍的心態，原本是人之常情。

易經乾卦（䷀），分別以潛、現、惕、躍、飛、亢六種狀態來描述龍的變化。

乾

上九	⚊	亢
九五	⚊	飛
九四	⚊	躍
九三	⚊	惕
九二	⚊	現
初九	⚊	潛

象辭明白指出：「時乘六龍以御天。」意思是天道變化，不同時序，產生不一樣的功能。過時或不及時，都不合理。龍再了不起，也應該按照不同的處

境，不一樣的時序，做出不相同的表現。每一個人，在一生當中，都應該遵循天道，依據不同的階段，做好合理的調整，才能夠合時又合理，符合天德的要求，達到御天的效果。御的意思是駕御、治理。龍駕御天空，人治理自己，都是御天。

為什麼是龍呢？我們不難想像，洪荒時期的人類，既沒有文字，也沒有專門負責書寫歷史的人員。事情發生之後，但憑口耳相傳，便是我們現代所說的神話。據傳古人發現龍是生物中的龐然大物，既能潛水鑽地，又能行陸飛空。用龍來表示神通廣大，應該是十分貼切的譬喻。

對宇宙而言，龍代表自然的力量，無所不能，也無所不在。對人類來說，龍象徵智力、體力都高人一等。

圖騰這一個名詞，是從英文 totem 翻譯過來的。大概是找不到適當的字句，所以才採取音譯的方式。用來表示原始社會，各個部落或氏族所認定的那種神聖而不可侵犯的象徵或符號。由於人和動物接觸的機會很多，往往把自己推崇的動物，拿來當做圖騰。我們把龍的形象，描繪成駝頭、鹿角、兔眼、牛耳、蛇項、鯉鱗、蜃腹、蝦鬚、虎掌、鷹爪、蛟身，不難推想當年黃帝統一中原，綜合各部落所用的圖騰，制定一種中央聯合標誌，而稱之為龍。

龍圖騰成為華夏民族的共同標誌，我們自稱為龍的傳人。望子成龍，每逢龍年多生龍子龍女，也就自然而然，成為中華兒女共同的願望。

二、這種心情愈來愈受到扭曲

有一種傳說，指稱八卦不是伏羲氏畫出來的。有一匹龍馬，從黃河裡出來，背著一幅圖，上面有八卦的圖樣，伏羲氏照著描繪下來。後人把那一幅圖，叫做「河圖」。

龍馬到底是龍還是馬？我們並不清楚。倒是龍馬精神，一直相傳迄今。乾卦以龍為象徵，卦辭指出「元、亨、利、貞」；坤卦（䷁）的卦辭，則是「元、亨、利牝馬之貞」。同樣四德，乾為龍德，而坤重馬德，實在十分明顯。

黃帝以龍做為圖騰，是一種「和而不同」的道德象徵。表示各個部落，應該和平共存。乾卦的元、亨、利、貞四德，表現在用九：見群龍無首，吉。雖然龍很神通，剛健有力，也應該隨時自我調整，以符合時宜，做出合理的貢獻。坤卦的元、亨、利牝馬之貞四德，表現在用六：利永貞。六是偶、陰的極數，很容易陰極成陽，喪失原有的柔順。所以永久保持坤德，才是合理的情操。

由此可見，易經所重視的，是乾和坤的道德，遠勝於乾和坤的性能。望子成龍，這裡所說的子，包含女在內，也就是子女的合稱。而所說的龍，也應該是龍馬的代表。望子成龍的真正意義，在培育子女高尚的品德修養，不料卻被功名利祿所取代。造成莫大的扭曲，無比的誤解。

易經和易傳，都出於聖人之手，所說的是道理。所以到了漢代，便被列為六經（易、禮、書、詩、樂、春秋）之首。但是，另一方面，陰陽八卦和五行（金、木、水、火、土）結合起來，演變出山、醫、命、卜、相種種術數，影響著普羅大眾，勢力也十分雄厚。易理的瞭解和實踐，比較不容易。而風水、命相、占卜，卻很廣泛地流行。望子成龍的真正涵義，被淹沒了。大家所熱衷的，反而是提早學習，促進智能的發展，以博取功名利祿。

才能是治事的能力和方法，品德修養則是言行與操守的表現。我們所看到的事實，是能者未必有德，而德者也不一定有能。才德兼備固然難能可貴，確實在難以求全。所以周公不求備於一人，唐太宗也只能取長補短。

然而，德本才末，先求品德修養健全，再促使才能的充實和長進，應該是父母教養子女的不易原則。而以良好品德修養，來把事情做得更精更好，應該也是做人的基本要求。

三、最好把乾坤二卦合起來看

我們都知道，天地是不可分的。有天才有地，有地也才有天。我們生於天地之間，兩者缺一不可。有時候天看起來大得多，而地卻只有一點點。有時候，地反而比天來得寬廣。如果有天卻沒有地，或者只有地而沒有天，我們就很難生存，甚至於不願意去想像。

人類的情況也是如此，有男就有女，有女也就有男。倘若只有一種性別，百年之內，人類就滅絕了。

我們研究易理，最好乾坤並列，同時觀賞，才能獲得真正的含義。

乾代表龍，坤象徵馬。意思是龍馬原本是一樣的：飛不起來時，龍也被看做馬。一旦飛躍在天空，馬也變成龍了。潛龍還不如良馬，可以從乾卦的初九，潛龍勿用來體悟。縱使具有龍的品德和才能，如果只能潛伏在地下，還不能在地面上佔有若干地盤，恐怕也是有志難伸，有能力也使不出來。這時候所採取的「勿用」策略，實際上是利用時機，好好學習坤卦初六的「履霜，堅冰至」。提醒自己，如果不能暫時委屈一些，把自己當做馬看，走一步算一步。

萬一冬天來臨，堅厚的冰雪覆蓋在地上，想要鑽出地面，恐怕更加困難。

望子成龍，最好的心態，其實是先扮演好馬的角色。以「履霜，堅冰至」的警覺性，來培養子女的應變能力。當陰氣開始凝結的時候，也就是壞習慣開始出現時，便趕緊加以輔助、指導，使其養成正當的行為態度。

培養良好生活習慣，增進正當生活能力，是「勿用」的兒童時期，父母應該重視的課題。如果抱持只能成龍，不能做馬的心態，無疑增加子女很多的壓力。因為人類必須分工，有人當馬，有人做龍，才能彼此配合，生活得更加美好。大家都當馬，天空中的事情，由誰去完成？大家都成龍，地面上的事情，誰來打理呢？

要學飛，先學走，這才是真正的龍馬精神。馬跑得既快又穩，一旦飛躍起來，大家都把牠當做龍看，至少也是龍馬，可以擔負更為重大的任務。飛不上去，在地面上又走不穩也跑不快，是不是自己痛苦，也連累別人呢？就算是神童，也應該打好基礎，以免真的小時了了，大未必佳，反而害人害己。

乾坤二卦並列，才能全面發揚龍馬精神。走起來像馬，飛起來像龍，豈不是更加安全有效？

有了「履霜，堅冰至」的高度警覺性，及時把握合適的良機，適當地出現在地面上，佔有一席之地。這時候不論是不是利見大人，受到上級的賞識，都應該重視坤卦六二爻辭：直、方、大、不習，无不利。因為受到上級賞識，很容易得意忘形，受到不正當的誘惑，而喪失直、方、大的原有德性。不受上級賞識，也很容易遭受壓抑而心生不平。於是不直、不方、不大，種種惡習伴隨而來，當然就不利了。

剛剛邁入人道，是龍是馬猶未知曉。乾卦九三爻辭：君子終日乾乾，夕惕若，厲无咎。告訴我們就算真的是龍，也應該高度警惕，把自己當做惕龍，比較合適。這時候坤卦六三的含章可貞，或從王事，无成有終，實在是必要的配套，特別是功成而不居的精神，更應該多加發揚。

是龍不是龍？乾卦九四爻是真正的考驗。論語子罕篇記載孔子所說的「四十五十而無聞焉，斯亦不足畏也已」，便是說明一個人到了四、五十歲還沒有什麼可以稱道的地方，那也不會有什麼了不起了。換句話說，不算是龍了。乾卦九四說：或躍在淵，无咎。意思是一躍升入太空，證明自己是龍，當然最好。倘若飛不上去，只要增進自己的品德修養，認清上升、下降並沒有一定的常規，絕對不能夠為了向上躍進而不擇手段，也就沒有什麼禍害。

飛龍不成，老老實實當好馬，實踐坤卦六四「括囊」的原則，像束緊的口袋那樣謹慎，也能无咎无譽。即使陷入險境，也不致有什麼災害。

當然，能夠像乾卦九五那樣飛龍在天，是人人都夢寐以求，非常想達成的目標。但是也要仔細檢驗自己的品德修養，是不是夠資格飛龍在天？否則一旦高飛上去，大家萬手所指，萬目所視，竟然是一條邪惡、貪婪，無恥的龍，豈不是更加自曝其短，讓天下人恥笑？

這時候謹記坤卦六五爻辭：黃裳，元吉。就算飛龍在天，也應該保持謙和的美德，更加自愛、自律，才能獲得吉祥。

無論是龍是馬，都應該適可而止。在太空中固然要慎防亢龍有悔，在地上奔馳，也必須警惕過分高傲，把自己看成龍，而引起龍戰于野，其血玄黃。

四、龍馬精神重在品德修養

孔子自述一生的奮鬥歷程，十有五志於學，三十而立，四十不惑，五十而知天命，六十而耳順，七十而從心所欲，不踰矩。

十有五志於學，意思是十五歲時，才進入乾坤二卦初爻。一方面提高警覺性，以坤卦初六的「履霜，堅冰至」來增強自己的意志力，務必培養良好的品德，慎防受到不良的感染。並且以乾卦初九的「潛龍勿用」自勉，好好學習，不可以好高騖遠，以免害了自己。

三十而立，指三十歲時，才把自己定位在乾坤二卦的第二爻，也就是確立自己的立場，要當好馬，有機會才成龍。先按照坤卦六二爻的「直、方、大，不習，无不利」，時時刻刻修養品德，增進各方面的才能。論語子罕篇記載孔子的話：「吾少也賤，故多能鄙事。」即在說明他博學多聞，廣泛地充實自己的才能。孔子當然不會忘記乾卦九二「見龍在田，利見大人」的目標，二十多歲時便出任魯國的「委吏」、「乘田」，前者掌理會計，後者管理牛羊，都是微不足道的小官，他卻做得十分認真出色。那時候正當混亂的春秋時代，各國的君權大多落在大夫的手中。亂臣賊子，敗壞社會風氣，所以孔子棄政從事教育，在魯國授徒，專心教學生涯。

四十而不惑，指的是孔子四十歲時，充分體會為君為師，都必須具有偉大人格的堅定信念。他說：「天何言哉！四時行篤，百物生焉，天何言哉？」因此確信「我欲仁！斯仁至矣」，也就是奉行乾卦九三爻「君子終日乾乾，夕惕若，厲无咎」的警示，同時重視坤卦六三爻「含章可貞，或從王事，无成有終」的原則。孔子倡導「無可無不可」的用心，明顯地書寫在繫辭下傳：「不可為典要，唯變所適」。他已經明白「不在其位，不謀其政」的道理，卻始終不忘「篤信好學，守死善道。危邦不入；亂邦不居。天下有道則見，無道則隱」的守則，毫無疑惑。

五十知天命，指孔子五十歲時，魯國三家共同攻打陽虎。孔子認為自己應該出仕，為百姓奉獻。他先擔任魯國的中都宰，繼任司空，而大司寇，輔助魯定公會齊國於夾谷。五十五歲時，見定公德行有所偏差，辭職離開魯國。因此感慨乾卦九四的「或躍在淵」，深知自己奉行坤卦六四的「括囊」，而得以无咎。這些遭遇，使孔子明白人各有天命，只能盡力而為，不必計較結果如何！

六十而耳順，指的是乾卦九五的「飛龍在天」和坤卦六五的「黃裳元吉」。意思是表現得再好，也有人批評。有的是惡意攻擊，有的根本看不懂而亂說。耳順的意思，是只要自己問心無愧，用不著介意他人的毀謗。特別是位高權重的人士，必須耳順，才不致亢龍有悔或龍戰於野，使自己一生的造就，毀於一旦。

七十而從心所欲，不踰矩。指的是孔子研究易經的道理，深深體會「亢龍有悔」和「龍戰於野」的警語，因而得以從心所欲不踰矩。七十三歲時，心安理得地逝世。

五、結語與建議

一個人要有遠大的目標和堅定的意志，卻不能不腳踏實地，實實在在地一步一步向上求取進步。以乾卦為目標，拿坤卦做守則，應該是良好的方式。

乾卦的主要精神，在「天行健，君子以自強不息」。天的運轉是有恒的，人的上進心也必須堅定。一天二十四小時，天運行了九十多萬里，人也不斷地呼吸，不敢停止。期待自己成龍，或者寄望子女成龍，自強不息，應該是不二法門，人人都必須自勉。

坤卦的要旨，在過分剛健主動，難免遭受打壓。若是不願意屈從，那就不擇手段，違背自己的品德修養。因此柔順主靜，也成為品德修養的另一個要素。乾坤二德兼顧並重，剛柔相濟，才能夠動靜咸宜。

乾卦是龍，坤卦是馬，合起來成為龍馬精神。表示一個人要能飛也能走，當飛即飛，當走就走。但是一心想做龍，恐怕會忽略了蹲馬步的基本功夫，反而眼高手低，一事無成。做人最好先做好馬，適當時再飛騰成龍。

父母教育子女，應該以品德修養為重。幼小時養成良好的生活習慣，然後訓練生活能力，並增加生活知識。德本才末，是最基本的守則。功課好不好？在其次。習慣正當與否？才屬首要。

望子女成龍，應該從牝馬的貞操培育起。貞操的真正意思，是合理的操守。不分性別，年齡，從事那一種行業，都有其應該固守的貞操。而且是互相對待的，不能片面要求。父父子子的道理，最好透過以身作則，用身教來傳達給子女。

稍長入學，必須逐漸認識有陰就有陽，有陽也就有陰的道理。有天有地，人才能生存。乾坤二德並重，人才能發展。最好把正常和相反，看做事物的一體兩面。正常是一種正常的現象，相反不過是另一種正常現象。而人生是一連串的選擇，必須在正常和相反的抉擇中，不斷提升自己的價值。孔子一生，便是在龍馬當中，選來選去。結果有生之年，當龍不成，只要做馬。然而逝世之後，卻不斷躍升，不但成龍，而且是龍中的聖龍。

孔子生前，已經悟出「盡人事以聽天命」的真理。是龍是馬？我們只能盡人事。結果如何？不如聽天命！

只問自己努力得夠不夠？不必介意自己到底是龍還是馬？這才是真正的龍馬精神。

做人的基本修養，應該是先蹲好馬步，再看情況動手腳。以坤卦的馬德為基礎，再以乾坤的龍德為依據。按步就班，不斷自我提升，也就是力求上進。人人適可而止，隨遇而安。社會自然進步，人群必然和諧。

曾仕強教授

易經是中國歷代君王、賢能，治理國家所依循的萬世經典；
易經闡述的是天地之間循環的道理，也就是宇宙間的自然法則。
易經在這變化萬千的總總現象之下，透過陰跟陽來解釋這些現象，
使我們能更容易了解到，事情發生的原委及如何因應之道。
決策大智慧師資班課程，就是要您深入了解易經，
並且將易經的思維融入你的生活之中，
透過易理你將會對你的人生有更宏觀的思維及發展，
易經中的智慧將助您在關鍵的決策中，做出最睿智的決斷。

國家圖書館出版品預行編目資料

進入乾坤的門戶 / 曾仕強　劉君政 作. -- 初版
. --臺北市：志理明言知識創意，2009.1
　面；　公分. --（現代易學院；1）
ISBN　（平裝）
1.易經 2.易學 3.研究考訂
121.17　97019101

現代易學院 02

走進乾坤的門戶

作　　者　曾仕強　劉君政
發 行 人　陳志明
總 編 輯　陳麒婷
行銷企劃　邱俊清
編　　輯　邱柏諭
編　　輯　邱詩瑜

發行所
出版者　奇異果子廣告行銷有限公司
地址／台北市中正區重慶南路一段57號8樓之14
電話：02-2361-1379
傳真：02-2331-5394

執行設計　方　正
設計企劃　奇異果子廣告行銷有限公司
電話：0931-364364
E-mail:kiwigo.design@msa.hinet.net

印　　刷　中茂分色製版印刷股份有限公司
電話：02-2225-2627
傳真：02-2225-2446
地址：中和市立德街26巷17弄5號3樓

版　　次　2009年1月初版一刷
I S B N　978-986-84470-3-5
定　　價　新台幣300元